Althar Intensiv
Raum, Zeit, Verschleierung

W0342094

Joachim Wolffram

Außerdem erhältlich von Joachim Wolffram:

Bände der Althar-Serie:
Band 1: „Althar – Der Kristall-Drache“
Band 2: „Althar – Der Neue Magier“
Band 3: „Althar – Richtung Utopia“
Band 4: „Althar – Das letzte Loslassen“
Band 5: „Althar – Opus Magnum“

„Für Dich – Aufzeichnungen aus Deinen Leben“
„Der Freie Mensch“

Impressum:
Joachim Wolffram
„Althar Intensiv – Raum, Zeit, Verschleierung“
Karlsruhe, Januar 2019
1. Auflage 2019

Alle Rechte am Werk liegen beim Autor:
joachim@wolffram.de
www.wolffram.de
facebook.com/joachim.wolffram

Inhalt

Vorwort

Der folgende Text ist die Abschrift der Live-Mitteilungen, die Althar und Aouwa bei einem Workshop im Dezember 2018 in Bruchsal gegeben haben. An einigen Stellen wurde die Grammatik oder der Satzbau korrigiert und gelegentlich wurde das ein oder andere Wort hinzugefügt, um eine Aussage deutlicher zu machen.

Da eine Abschrift die tatsächliche Dynamik und Stimmung während der Sitzungen nur unzureichend wiedergeben kann, können die Audio-Aufnahmen zu dieser Veranstaltung unter www.wolffram.de erworben werden.

1. Begrüßung – Drei Pfeiler – Wahre Begegnung

(Musik: “Yesterday”, von *Imagine Dragons.)*

Ich bin Aouwa. Ich bin das Absolute – ein wahres Selbst in Ausdruck. Ich bin das Relative – ein Mensch in Ausdruck. Und ich bin das Mysterium, das beides verbindet – ein Drache in Ausdruck. Ich bin drei und ich bin eins und ich bin noch so viel mehr – genau wie ihr.

Es ist mir eine große Freude, euch jetzt endlich hier auch in physischer Form begrüßen zu können. Diese Veranstaltung findet nicht erst genau jetzt statt, sondern sie hat schon vor langer Zeit stattgefunden. Und zwar nicht erst, als die Ausschreibung rausging oder als die ersten Bücher geschrieben wurden, sondern schon vor viel, viel, viel längerer Zeit.

Zeit wird eins der Themen sein, mit denen wir uns hier intensiv beschäftigen werden. Und deswegen ist es auch kein Zufall, dass wir dieses Lied am Anfang gespielt haben. „Goodbye to yesterday“. Wie wäre es, ganz aus der Zeit herauszugehen? Wie wäre es, kein Morgen zu haben, denn Morgen findet nur innerhalb der Zeit statt.

Diese Versammlung hat jenseits der Zeit begonnen. Sie hat immer wieder in der Zeit stattgefunden, in verschiedenen Epochen, und sie findet auch jetzt wieder statt, hier und heute, und in gewisser Weise wird sie auch in der Zukunft stattfinden.

Und wenn man ganz genau reinschaut, dann finden sie alle gleichzeitig statt. Wir sitzen hier, heute, nicht nur im Jahre 2018. Ihr sitzt gleichzeitig auch irgendwo im Jahre 2020, im Jahre 20, im Jahre 4020. Ihr sitzt in der Vergangenheit in einem Tempel in Ägypten. Ihr sitzt in der Vergangenheit irgendwo in Atlantis. Ihr sitzt im Nicht-Physischen. Immer mit der gleichen Frage beschäftigt: *Was ist das eigentlich, wo ich meinen Finger nicht so wirklich darauflegen kann?* Was ist dieses Fragezeichen, das immer im Hintergrund mitschwingt? Dieses „Es nicht genau wissen“, dieses „Es eigentlich ahnen, aber es nicht wirklich fassen können.“

Es ist mir also eine große Freude, euch heute hier begrüßen zu können, im Physischen, in diesem Jahr 2018. Freude ist auch so ein Punkt, der nicht unterbewertet werden sollte. Freude ist das Schmiermittel in der physischen Realität. Das, was die Erfahrungen einfacher macht. Die meisten von euch sind heute Morgen angereist, sind irgendwo mit dem Auto gefahren, sind buchstäblich durch das Massenbewusstsein geeiert, geschwommen, haben sich hertreiben lassen. Dann steigt man aus dem Auto aus, aus dem Massenbewusstsein, und befindet sich plötzlich in einer vollständig anderen Welt. Wenn das kein Grund zur Freude ist! Viel war dafür nicht nötig. Überall außen herum, so scheint es, ist die Welt im Chaos, werden die Leute immer verrückter. Aber eins kann ich euch sagen: Von meiner Perspektive, von jenseits der Zeit aus betrachtet, sind die Leute heute nicht verrückter, als sie es immer schon waren. Es ist das Gleiche wie mit den Eltern, die sagen, ihre Kinder werden komisch. Die Leute sind heute so verrückt, wie sie immer waren. Sie hängen den gleichen Illusionen nach, sie leben sie nur anders aus. Aber es sind immer die gleichen Gründe, die sie tatsächlich antreiben.

Also, es ist mir eine große Freude, euch heute hier zu haben. Es ist mir eine große Freude, dass wir uns heute hier in einem ganz normalen Haus treffen können. Wir sitzen nicht in einer großen Kirche oder einem Tempel. Wir müssen uns auch nicht verstecken in irgendeinem Keller oder einer Höhle. Wir können einfach hierher kommen. Ihr könnt einfach hierher kommen und eure Körper hier versammeln. Ihr müsst keine Angst haben, dass die Religionspolizei vorbeikommt, wie in vielen anderen Ländern der Welt. Ihr seid alle so sehr gereift, dass wir über alles sprechen können und nicht mehr darüber philosophieren müssen, ob der Gott im Außen ist oder eher im Innen. Wir werden nicht gehäutet, wenn wir so etwas vermuten, wir werden nicht viergeteilt, nicht gesteinigt. Mit anderen Worten: Es gibt ideale Voraussetzungen. Ideale Voraussetzungen – man sollte sie nutzen. Und deswegen sind wir hier, um diese idealen Voraussetzungen erstens noch weiter zu verstärken, und das Zweite ist, sie nach Möglichkeit zu nutzen.

Wenn ihr hereinfühlt, in diesen Raum, dann stellt ihr fest, dass wir keineswegs allein sind. Hier sind dreizehn menschliche Körper versammelt. Aber jeder von euch ist hier als Stellvertreter aller Inkarnationen, die euer wahres Selbst jemals hatte. Und das hat damit zu tun, dass wir hier und heute ideale Voraussetzungen haben. Wir haben die beste Zeit, die besten Umstände. Wir haben das größte Potenzial, hier und heute, so tief zu gehen und anhaltend tief zu bleiben wie niemals zuvor. Ist das nicht schön? Alle anderen Inkarnationen eurer selbst, die, wenn man den linearen Zeitablauf mal loslässt, jetzt gerade leben, die sich vielleicht jetzt gerade an einem anderen Ort versammeln und über Trennung philosophieren oder versuchen sie loszulassen – all die werden spüren, dass etwas passiert. Das, was ihr hier loslasst, das lasst ihr nicht nur für euch los, das lasst ihr stellvertretend los für alles, was ihr jemals wart. Und plötzlich hat so eine Inkarnation in einer völlig anderen Zeit ein Aha-Erlebnis. Ein Aha-Erlebnis und sie weiß nicht, warum jetzt irgendetwas passiert ist, es sollte ihr auch völlig egal sein. Aber es kann durchaus sein, dass es ein Loslassen ist, das ihr hier realisiert, das einen Weg findet durch Raum und Zeit und eine andere Inkarnation dazu inspiriert ebenfalls loszulassen. Es erhellt etwas, eine Weisheit, ein inneres Wissen, das bis zu diesem Zeitpunkt vielleicht nur im Verstand war, aber dann plötzlich erlebt wird.

Und das ist das Stichwort für eine der drei Säulen, auf denen alles, was wir hier machen, was in den Büchern passiert und was in Zukunft passieren wird, basiert. Die erste Säule ist: Wahre Weisheit ins Erleben bringen. Unter wahrer

Weisheit verstehe ich nicht die alltägliche Weisheit, die einen dazu befähigt, ein bisschen geschickter mit den Umständen umzugehen und sich damit zu arrangieren, wie die Menschen so ticken. Sondern: Wahre Weisheit ist die Weisheit, die einen dazu befähigt, über die Polarität hinauszugehen. Punkt. Das ist die Weisheit, die wirklich von Relevanz ist. Alles andere sind Erfahrungen, und Erfahrungen haben ihren Wert. Aber wenn es darum geht, die Polarität als das zu sehen, was sie wirklich ist, geht es um wahre Weisheit.

Wahre Weisheit beginnt fast immer, nicht immer, aber fast immer, mit einer Idee, einem mentalen Konzept, das sehr häufig von einer anderen Person an einen herangetragen wird. Man mag damit eine Zeitlang ringen, man mag es richtig finden oder falsch. Irgendwann akzeptiert man es vielleicht. Aber solange es nur akzeptiert ist und nicht wirklich erlebt wurde, kann diese wahre Weisheit ihre ganze Wirkmächtigkeit nicht entfalten. Sie ist da, sie hat das Potenzial. Aber erst, wenn sie ins Erleben kommt, erst wenn sie ins Erleben kommt, dann hat sie ihren eigentlichen Wert, nämlich die Befreiung aus der Polarität. Und sei es nur für einen Augenblick. Sei es nur für einen Augenblick.

Das Zweite ist die Tatsache, dass eine Befreiung, die man, wie ihr alle eingangs sagtet, immer wieder mal erlebt, leider vergänglich ist. Man könnte sagen, wenn anhaltendes Erwachen einfach wäre, würde es ja jeder machen. Aber tatsächlich ist es so, dass es nicht einfach ist. Und es ist insbesondere nicht einfach für ein Wesen, das viele, viele Leben als Mensch, in anderen physischen Formen und in nicht-physischen Formen verbracht hat. Es hat sich sehr viel angehäuft. Wenn ihr alle, ich sage mal, taufrisch wäret, ohne alle eure Erfahrungen und Erlebnisse und Verkrustungen, dann wäre es tatsächlich in gewisser Weise einfach. Aber so läuft das Spiel nicht. Denn das Spiel, das Spiel der Trennung, ist faszinierend, es ist interessant, es ist verführerisch, es zieht einen rein und es macht sich selbst real. Und diese Pseudorealität ist so stark, dass man nicht mal eben aussteigen kann. Theoretisch, ja. Praktisch? Schwierig.

Theoretisch wie praktisch findet Erwachen immer im Augenblick statt. Erwachen findet nie Morgen statt. Einfach deswegen, weil Erwachen nie weg war. Erwachen, erwacht sein, das ist euer natürliches Bewusstsein, es ist euer Normalzustand. Er wird nicht gemacht. Er wird nicht hergestellt. Er muss sich nicht verdient werden. Er ist immer da. Manchmal gehen die Wolken auf, die Sterne stehen günstig und man ist eins mit diesem normalen Zustand seines reinen Seins. Alles ist gut und man kann sich gar nicht vorstellen, dass das jemals wieder aufhört. Und ehe man sich versieht, ist man wieder zurück in seinem Klein-Klein und hat mit irgendwelchen komischen Leuten zu tun. Wie kann das sein?

Dafür gibt es viele Gründe, aber alle diese Gründe führen zu dem zweiten Pfeiler, nämlich den Pfeiler, der sehr gerne vernachlässigt wird.

Und das ist das, was ich die Praxis nenne. Die Praxis des Erwachens. Immer wieder – erwachen. Immer wieder, jeden Augenblick – erwachen. Wie man das machen kann, was, sagen wir, die Gebrauchsanleitung dafür ist, das werden wir in den nächsten zwei, drei Tagen hier erörtern. Aber das ist der Pfeiler und das ist das, was der Mensch jederzeit machen kann. Und um Erwachen zu praktizieren ist nichts Besonderes nötig. Man kann es jederzeit machen, solange, bis man pausenlos erwacht ist. Aber es ist hilfreich, sich günstige Umstände zu schaffen. Wenn günstige Umstände da sind, ist das Erwachen einfacher. Und die günstigsten Umstände, die sich Menschen erschaffen können, ist so etwas, was ihr hier gerade tut. Sich zusammenfinden mit anderen Gleichgesinnten. Man weiß zwar nie genau, was der Andere wirklich denkt, aber man ahnt und spürt, dass das eine Anliegen bei allen vordringlich ist, nämlich das Erwachen zu realisieren. Das Erwachen in dieses Dasein zu bringen. Nicht nur als eine Gipfelerfahrung, die ab und zu mal irgendwann passiert, sondern als der Normalzustand, der auch im Körper ausgestrahlt wird.

Praxis. Geduldige Praxis. Entschiedene Praxis. Das ist der zweite Pfeiler. Und der dritte Pfeiler, ohne den es nicht geht, ist Mitgefühl. Mitgefühl. Und Mitgefühl in allererster Linie für sich selbst. Das ist einer der wichtigsten Punkte. Mitgefühl mit sich selbst, wenn man merkt, man ist wieder rausgefallen, man ist wieder in irgendwelche Muster reingetappt, die einen sonst wohin gezogen haben und man hat wieder komisch reagiert – da ist Mitgefühl das, was hilft. Mitgefühl mit sich selbst.

Das hier ist kein Wettrennen. Auch wenn die Umstände günstig sind, heißt das nicht, dass man sich in irgendeiner Form Stress machen sollte. Alles geschieht in der Zeit, die es einfach benötigt. Man kann Zeit in der Tat abkürzen, aber Mitgefühl ist das Mittel, wenn man feststellt, ah, jetzt läuft es gerade nicht so, ich Dummerchen habe wieder irgendetwas falsch gemacht. Da kann Mitgefühl kommen und sagen, lass gut sein. Das, was du hier machst, ist ein Traum und du träumst noch. Und in dem Moment, wo du feststellst, dass du wieder rausgefallen bist aus deiner natürlichen Präsenz, in dem Moment bist du doch schon wieder erwacht, weil du den Unterschied bemerkt hast. Also, der Moment, in dem man erkennt, ich bin ja wieder herausgefallen, ist genau der Moment, in dem man sich dem Erwachen wieder nähert, einen gigantischen Schritt in Richtung Erwachen geht. Es gibt keinen Grund, dann in die Vergangenheit zu gucken und sich lange zu fragen, was eigentlich passiert war. Denn am Ende des Tages gibt es für jedes Problem *ein* Heilmittel. Und das ist: In die Präsenz gehen. Sich seinem eigenen reinen Bewusstsein gewahr werden, es durchscheinen lassen. Es ist das eine Heilmittel für alles. Alle andere verschwindet, denn alles andere ist erschaffen. Und zwar von euch erschaffen.

Das sind die drei Pfeiler: Weisheit, Praxis und Mitgefühl.

Eben in der Begrüßungsrunde gab es schon das erste Gespräch, was es denn so ist, was einen immer wieder rauszieht aus diesem reinen Gewahrsein. Und es war sehr interessant, weil ganz verschiedene Ebenen angesprochen wurden. Und diese verschiedenen Ebenen sind nicht zuletzt der Grund, weswegen ich mich gerade so vorgestellt habe, wie ich mich vorgestellt habe. Ich bin das Absolute, ich bin das Relative, und ich bin das Mysterium, das beides verbindet. Der Mensch ist genau *das.* Man kann sagen, der Mensch ist das einzige Wesen, das das gesamte Spektrum des Bewusstseins verkörpert, der Zugang hat zum gesamten Spektrum. Von dem höchsten göttlichen Bewusstsein bis in die tiefste Ebene des völligen Verkrustet-Seins in Anhaftungen der Trennung. Dazwischen ist alles möglich. Und wenn man sich in die Trennung begibt, dann ist es manchmal hilfreich, Ebenen einzuziehen, die zwar genauso illusorisch sind, wie die Trennung an sich, aber da wir hier von innerhalb der Trennung sprechen, kann man einige Ebenen ansprechen.

Die Verwirrung, die Verschleierung des reinen Gewahrseins, findet auf allen Ebenen statt. Sie findet selbstverständlich statt auf Ebene des Körpers. Wir werden einige Male Gelegenheit haben zu sehen, dass der Körper *das* Symbol der Trennung schlechthin ist. Die Verschleierung findet statt auf der Ebene der Emotionen, auf der Ebene der Gefühle, auf der Ebene des Verstandes und sogar bis hinein in das, was man den Kausalkörper nennt. Überall Verwirrung, Trennung. Trennung macht sich breit. Und wenn man mal auf einer Ebene eine Einsicht hat, dann kann es sein, dass die anderen Ebenen wieder zurückschlagen.

Ich kann auf der Gefühlsebene mit mir völlig im Einklang sein, aber dann kommt die Biologie und macht mir Angst, weil irgendeine Krankheit in irgendeiner Ecke lauert. Ich kann mit meinem ganzen Sein zufrieden sein, aber mich quält eine Frage im Kausalen. Ist das Fragezeichen wirklich weg oder habe ich es doch noch nicht aufgelöst? Irgendetwas ist immer da, so scheint es, was einen wieder zurückbringt in dieses Sein in Trennung.

Verschleierung auf allen Ebenen. Und es hilft nichts, das zu beklagen oder zu benennen, sondern man muss sich einfach dieser Tatsache stellen und geduldig versuchen sie aufzulösen – mit Weisheit, mit Praxis und mit Mitgefühl.

*

Wir sind hier für zwei, drei Tage zusammen und wir haben uns eingangs ein wenig vorgestellt. Mit Worten, auf biologischer Ebene und auch ein wenig darüber hinaus. Jetzt wird es Zeit, dass wir uns noch einmal einander vorstellen, aber diesmal ohne Worte. Wir machen jetzt das, was ich gerne „Wahre Begegnung“ nenne. Und dazu bitte ich euch, dass ihr euch jeweils paarweise zusammenfindet und eure Stühle so dreht, dass ihr euch gegenüber sitzt.

Gut. Setzt euch gerade hin. Macht die Augen zu.

Spürt euren Körper. Spürt das Gewicht eures Körpers.

Spürt die Atmung, wie sie durch die Nase langsam in den Körper eintritt.

Lass eure persönliche Geschichte völlig los. Was ihr bisher gemacht habt. Was ihr Morgen vorhabt. Eure persönliche Geschichte ist hier bei diesem Treffen relativ belanglos. Lasst sie los. Ihr seid hier als Stellvertreter eures wahren Selbst.

Lasst die Atmung kommen und gehen.

Wir werden gleich die Augen öffnen, wenn ihr soweit seid. Aber jetzt noch nicht.

Die Augen sind tatsächlich das Eingangstor... man sagt zur Seele, aber auch zu eurem wahren Selbst.

Erwachen heißt, das ganze Spektrum zu verkörpern.

Erwachen heißt, sich selber annehmen, so wie man ist.

Und Erwachen heißt, den anderen so annehmen, wie er ist. So wie er sich im Moment darstellt. Annehmen ohne Wertung.

Wenn man die Augen öffnet und dem anderen Zugang zu sich selbst gewährt, ist das manchmal ein wenig unheimlich. Aber hier, hier ist das kein Problem, weil im Grunde seid ihr mit dem Erwachen schon durch. Ihr seid nur noch einmal hier, um das Ganze in Zeitlupe zu erleben.

Wenn man den Anderen anschaut und alles sieht und sich selber kennt, dann weiß man, dass alles möglich ist. Alles, was ein Mensch machen könnte, hat er früher oder später auf die ein oder andere Weise getan. Sowohl man selber als auch der andere. So verschieden ist man in Wirklichkeit nicht.

Aber hier sind wir zusammen gekommen, um das Höchste zu verwirklichen, was ein Mensch verwirklichen kann. Und zwar Augenblick für Augenblick. Buchstäblich Augenblick für Augenblick. Das verbindet. Das geht über alles hinaus. Geht davon aus, dass wir uns alle schon oft begegnet sind. Vielleicht nicht in diesem Leben, aber immer wieder in anderen Leben. Vielleicht kommen beim ein oder anderen irgendwelche Geschichten hoch, Erinnerungen. Ich habe gesagt, ihr seid hier als Stellvertreter all eurer Inkarnationen. Und all eure Inkarnationen sind in gewisser Weise gerade bei euch. Sie gucken mit durch eure Augen. Sie sehen allerhand. Euer Gegenüber sieht allerhand. Es wird viel Wiedererkennen geben. Nicht alles war nett. Aber von heute aus betrachtet war alles okay, so wie es war.

Also, wenn ihr bereit seid, dann macht langsam die Augen auf und schaut euch gegenseitig zur Begrüßung in die Augen.

Eine wahre Begegnung. Eine Begegnung, die keine Worte braucht, die aber alles enthält und alles ausdrückt.

Der Blick ist weich und annehmend. Freundlich. Und da ihr so viele Inkarnationen mitgebracht habt, kann es gut sein, dass sich die Gesichtszüge eures Gegenübers plötzlich ändern.

Was eben noch ein Mann war, wird plötzlich zur Frau. Alt wird jung. Jung wird alt.

Wenn das passiert, guckt einfach weiter. Wundert euch nicht. Lasst es so, wie es ist. Wie gesagt, ihr hattet viele Erscheinungsformen. Alle sind hier. Manchmal machen sie sich bemerkbar.

*

Ist es nicht erstaunlich, wie viel gesagt werden kann, ohne ein Wort zu benutzen?

Bei einer solchen Begegnung können alle Arten von Bildern kommen, jenseits dessen, was man mit den physischen Augen wahrnimmt. Plötzliche Erinnerungen an alte Zeiten, andere Leben, andere Daseinsformen.

Stellt euch vor, man könnte jedem Menschen so begegnen, den man trifft auf der Straße, egal wo. Aber wie wunderbar ist es, wenigstens dreizehn Leute zu haben, hier in einem Raum, die das machen können, ohne sich dabei allzu komisch zu fühlen, die spüren, dass das viel näher am Normalzustand ist, als alles andere.

Ihr alle habt schon die Erfahrung gemacht, einen solchen Zustand zu halten, während man bewegungslos ist. Es wird sehr viel schwerer, wenn man anfängt, den Körper zu bewegen, weil dann sofort die Biologie da ist, von der man glaubt, man müsste sie kontrollieren.

Wir werden gleich aufstehen. Und wenn ihr aufsteht, dann versucht, diesen inneren Zustand beizubehalten, diesen Zustand der Öffnung. Euer

Körper bewegt sich von ganz alleine. Wir werden aufstehen und ein wenig laufen, rumgehen und die anderen mit einem tiefen Augenkontakt begrüßen. Das Göttliche in mir grüßt das Göttliche in dir. Behaltet in der Bewegung diesen Zustand bei.

Behaltet ihn bei, wenn ihr mit einem anderen in Augenkontakt tretet.

Das ist der Normalzustand.

Wenn ihr soweit seid, dann verbeugt euch ein wenig vor eurem jetzigen Partner. Sagt Danke für die Erfahrung. Dann steht auf und grüßt die anderen.

*

Schön euch alle wiederzusehen.

In solchen Momenten fragt man sich, wo denn eigentlich das Problem ist. Man sieht, wie einfach es tatsächlich ist, wenn man es zulässt. Wenn man keine Voraussetzungen hat, wenn man keine Erwartungen hat. Es ist einfach nur ein Wechsel der Perspektive im Bewusstsein. Raus aus dem kleinen Menschen, der in eine Körper-Geist-Struktur eingeschlossen ist, rein in den natürlichen Seinszustand. Nur eine kleine Entscheidung. Eine Winzigkeit. Wir hatten keine Wochen und Monate der Vorbereitung, kein Fasten, kein Trommeln. Einfach so. Eine Entscheidung und es funktioniert.

In diesem Sinn, haltet diesen Zustand so gut es geht. Und wenn ihr feststellt, dass ihr wieder anfangt Pläne zu schmieden, sonstiges zu machen, euch zu verrennen – in dem Moment, wo ihr das bemerkt, habt ihr einen Augenblick des Erwachens. Dann freut euch darüber.

In diesem Sinn. Ich bin Aouwa.

2. Wahres Selbst – Bewusstseinswesen – Drei in Einem

Ich bin Althar, der Kristall-Drache.

Gestattet mir, mir ein wenig Zeit zu nehmen und einfach nur hereinzuspüren, zu genießen. Denn wie ihr wahrscheinlich wisst: Ich liebe die Schönheit, ich liebe die Schönheit. Und es gibt nichts Schöneres zu beobachten, als wenn sich Menschen zusammenfinden und sich ihrem reinen Bewusstsein öffnen, denn *jede* Öffnung im Bewusstsein, *jedes* Loslassen erzeugt Schönheit. Mich interessiert es nicht, ob dahinter irgendeine Physik steckt, ob da irgendetwas physikalisch passiert, das überspringt und Energie ausströmt. Nein, ich *empfinde* Schönheit, wenn ich das sehe.

Die Menschen haben einen Weg gewählt, den sich Drachen nicht vorstellen können. Wie ihr wisst, war ich nie verkörpert. Ich weiß nicht, wie das ist, in einem menschlichen Körper zu sein, alles von dem vergessen zu haben, was ich in Wirklichkeit bin. Ich weiß nicht, wie es ist, eingepfercht zu sein und festgelegt zu sein auf eine bestimmte Körpergröße, eingepfercht zu sein in einen bestimmten Satz an Emotionen und Gedankenstrukturen. Ich habe das nie erlebt. Ich habe es immer nur von außen beobachtet. Und ich habe es buchstäblich von Anbeginn der Zeit an beobachtet, denn ich bin alt. Ich bin jenseits der Zeit, genau wie ihr. Ich bin ein Teil eines wahren Selbst, aber dieser Teil hat sich noch nie inkarniert, obwohl ich sehr nahe an diese

Daseinsbereiche herankomme. Sehr nahe, aber ich war noch nie inkarniert. Deswegen kann ich von meiner Warte aus auch immer nur Hilfestellungen geben, Inspiration. Ich kann die Dinge beschreiben, wie ich sie von meiner Warte aus wahrnehme, und das ist oftmals sehr, sehr hilfreich. Der Mensch erfährt die Dinge von innen. Ich kann die Dinge von außen sehen. Beides ergänzt sich. Deswegen ist es fruchtbar, wenn sich Drache und Mensch zusammentun, um über diese Dinge, die ihr hier macht, zu sprechen.

Eingangs fragte jemand, wie viele Drachen in diesen Raum passen. Dazu kann ich nur sagen, dass Raum fürchterlich überbewertet wird. Raum ist auch nur eine Erzeugung. Raum ist absolut flexibel. Es passen genau so viele Drachen in diesen Raum, wie ihr es zulasst. Nicht einer mehr, nicht einer weniger. Und tatsächlich habe ich eine ganze Menge Drachen mitgebracht. Sie sind hier um uns herum, einfach, weil sie es schön finden, weil sie ebenfalls die Schönheit genießen und weil sie Ehrfurcht vor dem haben, was hier passiert.

In meinen ersten Mitteilungen habe ich sehr viel über den Emotionalkörper gesprochen. Und als Jochen aufschrieb, es ist Zeit, den Emotionalkörper abzulegen, da war er schon ein bisschen irritiert und hat gefragt: „Ist das jetzt hier ernst gemeint?“ Und ich sagte: „Ja, es ist absolut ernst gemeint!“ Den Emotionalkörper ablegen heißt nicht, nichts mehr zu fühlen, aber den Emotionalkörper ablegen heißt aufhören, ein begrenzter Mensch zu sein.

Alles, was ihr jemals erfahren habt, hat sich in euren Emotionalkörper eingeschrieben, habt ihr in eine Emotion gewandelt. Und *wer* hat das getan? Es hat immer die falsche Identität getan, die gerade im Vordergrund war. Seht ihr, ein Mensch, der sich inkarniert, hat völlig vergessen, wer er war und um überhaupt über die Runden zu kommen, hat er ein Bild von sich geschaffen. Dieses Bild von sich hat *er* erschaffen und niemand sonst. Und egal wie dieses Bild konkret ausformuliert ist, der Mensch, die falsche Identität, möchte das Bild bestätigen. Jede Interaktion mit einem anderen, sei es ein Mensch, ein anderes Wesen, sei es nur ein Gegenstand oder ein Naturerlebnis, wird daher in eine Emotion gewandelt und im Emotionalkörper in gewisser Weise festgehalten. Das ist in gewisser Weise auch das, was den Menschen ausmacht. Er weiß nicht genau, was er ist, aber er hält an dem fest, was er glaubt zu sein.

Wenn man tatsächlich in das reine Bewusstsein eingehen möchte, oder besser formuliert, wenn man das reine Bewusstsein hier in dieser Realität zum Ausdruck bringen möchte, dann ist für einen Emotionalkörper kein Platz. Er wird nicht benötigt. Es gibt keinen Grund, irgendeine Identität aufrecht zu erhalten. Jede Identität ist eine falsche Identität, es sei denn, sie wird bewusst und spielerisch angenommen. Dann bleibt sie zwar immer noch falsch, aber dann verliert sie ihren Charakter eines Gefängnisses.

Ich nenne mich Althar, der Kristall-Drache. Wir haben mit so vielen Paradoxa zu tun, wenn wir über das Erwachen sprechen. Wie ihr wisst, kann Erwachen nicht gemacht werden, denn Erwachen ist bereits da. Alles was ihr macht, bindet euch an die zweite Runde der Schöpfung, an die Polarität. Erwachen ist da, es ist eure Natur. Ihr müsst es euch nicht verdienen und ihr müsst es nicht zusammenbasteln. Aber wenn man erst einmal in die Polarität eingetaucht ist, wenn man sich eingegraben hat in einen Körper, in seine Emotionen, in sein Gedanken, dann ist es eben kein einfaches Spiel, da mal eben wieder herauszukommen. Auch dann nicht, wenn die höchste Weisheit und die höchste Wahrheit unmittelbar vor einem auf dem Tisch liegen. Und so muss man mit allerhand Illusionen arbeiten, um die Illusion aufzulösen.

Ich, Althar, tauche also buchstäblich ein in die Welt der Trennung, was nichts anderes als eine Welt der Illusionen ist, um mit Illusionen und geeigneten Worten euch dabei zu unterstützen, die Illusionen loszulassen. Mit jedem Loslassen erfolgen eine Befreiung und eine Vereinfachung. Eine Vereinfachung! Wenn ihr euch fragt, „Bin ich auf dem richtigen Weg?“, dann ist das der Gradmesser. Wird mein Leben einfacher? Werde ich einfacher? Werden meine Abläufe, die ich beobachten kann, einfacher? Wenn ja, dann seid ihr auf dem richtigen Weg.

Erwachen kann nicht erschaffen werden, und das ist etwas, das man so leicht dahin sagt. Es ist eine Binsenweisheit. Das kann man ziemlich schnell verstehen. Aber es zu *erfahren* ist etwas ganz anderes. Und selbst wenn man es erfahren hat, bleiben der biologische Körper, die Emotionen und die mentalen Verstrickungen. Aus genau diesem Grund sind so wenig Erwachte tatsächlich hiergeblieben. Warum zurückkehren in eine solche Gefängnisstruktur? Warum zurückkehren? Wenn ich einmal das reine Bewusstsein erfahren habe, in seiner Gänze, in seiner Perfektion, warum dann zurückkehren in eine Welt der Polarität, eine Welt der Trennung, die *in sich* ein Paradox ist? Die *in sich* ein Paradox ist. Denn wie könnte es sein, dass sich tatsächlich etwas vom reinen Bewusstsein abtrennt? Das ist *ein Ding der Unmöglichkeit!* Es ist vielmehr so, als wäre ein Teil des Bewusstseins irgendwo eingeschlafen, und träumt einen Traum, träumt den Traum von Trennung und verliert sich darin und verliert sich darin und verliert sich darin.

Trennung kennt nur eins: mehr Trennung. Trennung erschafft Trennung und so fasert sich das Ganze auf, zersplittert sich immer weiter bis ihr die ganze Welt der Polarität vor euch seht, und zwar nicht nur dieses Universum. Es gibt viele Universen und Daseinsbereiche. Überall herrscht Trennung. Aber Trennung ist ein Paradox. Das kann man leicht sagen. Das kann man vielleicht sogar abnicken. Aber das alleine hilft nicht. Und deswegen haben wir heute Morgen von den drei Pfeilern gesprochen. Von der Weisheit, die dabei hilft, darüber hinauszugehen. Weisheit, die es erlaubt, die Dinge so zu sehen, wie sie tatsächlich sind! Ich werde das sehr häufig das „Auge der Soheit“ nennen. Das Auge der Soheit. Man könnte es auch das Auge des Göttlichen nennen, das Allsehende Auge, das Auge des reinen Bewusstseins, aber wir können es auch einfach machen. Das Auge der Soheit, das dem Gesehenen nichts hinzufügt und das tatsächlich noch darüber hinaus geht.

Das Gegenteil davon ist das Auge der Trennung. Das, was ihr auch euer biologisches Auge nennt, was ihr euren Verstand nennt. Der Verstand möchte immer weiter trennen, möchte immer weiter ins Detail gehen, möchte immer mehr wissen, aus welchen Details die Details bestehen. Mit dem Auge der Trennung kann die Trennung nicht überwunden werden. Trennung erschafft immer mehr Trennung. Und deswegen sind alle Wege, alle Verfahrensanleitungen von vornherein zum Scheitern verdammt. Aber das genau ist das Paradox: Tut man nichts und macht man weiter, wie bisher, dann bleibt man in seinen Mustern. Aber macht man etwas, dann läuft man Gefahr, mit diesem Machen etwas machen zu wollen. Das ist das Paradox – wie komme ich aus der Trennung heraus? Und da kommen wir zur Praxis, zur Praxis des Erwachens. Eine Praxis, die in sich Erwachen ist, bei der man immer wieder realisiert: Meine wahre Natur, das reine Bewusstsein, ist nicht irgendwo weg, es ist bereits da und ich wechsle die Perspektive und bin in diesem Moment erwacht. Punkt. Man kann das nicht wirklich Praxis nennen, denn es ist kein „um zu“. Man macht nicht irgendetwas, um zu erwachen. Man setzt sich nicht hin und atmet tief, um zu erwachen. Es ist einfach so, dass es günstige Umstände sind, die es einem einfacher machen, sich seines eigenen Erwachtseins gewahr zu werden.

Schaut in die Geschichte der Menschen. Wo ihr hinschaut, gibt es Traditionen, die im richtigen Geist angefangen haben. Aber dann, im Laufe der Zeit, spätestens nachdem die Gründer die Erde verlassen hatten, wurden die Traditionen verwaltet, die eigentlichen Methoden wurden selbst zu Göttern erhoben – wenn man es nicht *genau so* macht, dann geht überhaupt nichts. Machtspiele fanden statt. All das. Ihr seid hier, heute, in einer Zeit und einem Entwicklungszustand, wo ihr die Dinge sehen könnt, wie sie wirklich sind. Wo ihr erkennen könnt, und zwar ohne Zweifel, dass es eine Praxis gibt, die unmittelbares Erwachen im Augenblick ist, die nicht das Resultat eins Tuns in der Zeit ist. Deswegen sind wir hier. Und da viele von euch den Wunsch hegen oder den Traum träumen, wie man's nimmt, auch nach dem Erwachen verkörpert zu bleiben, bleibt sogar noch etwas mehr zu tun.

Wenn man einfach nur aus der Polarität aufwachen möchte, dann ist das schon schwer genug, aber immer noch vergleichsweise einfach. Man erkennt die Wahrheit, wie sie ist, man wird, sehr wahrscheinlich, eine sehr intensive... ich nenne es mal Energie, obwohl es keine Energie ist... aber eine sehr intensive Energie spüren, wie ein Magnet, der einen unglaublich stark anzieht und man weiß, es gibt keinen Grund da nicht hinzugehen. Man weiß, wenn ich da hingehe, dann komme ich nicht mehr zurück. Und wenn das jemand macht, dann ist er aus diesem Daseinsbereich erstmal weg. Das ist der Grund, warum so viele, die tatsächlich erwacht sind, nicht hier sind. Sie hatten nicht das Bedürfnis hierzubleiben, zumindest nicht in menschlicher Form. Sie hatten nicht das Bedürfnis, in einen Körper zurückzukehren, der vielleicht schon alt war oder krank war oder Schmerzen hatte. Sie hatten nicht das Bedürfnis, in eine Gesellschaft zurückzugehen, die kompliziert war, von der sie genau wussten, dass sie nicht in einem irgendwie gearteten Maßstab jemandem helfen könnten. Oder sie hatten gar nicht erst das Bedürfnis jemandem zu helfen, weil sie erkannt hatten, es ist ja nur ein Traum, der keine Realität *an sich* hat.

Wenn man allerdings hierbleiben möchte, man könnte sagen, wenn man luzides Träumen praktizieren möchte, wenn man die Polarität kennengelernt hat und sie noch einmal erfahren möchte, weil man vielleicht mit anderen gemeinsam einen Traum geteilt hat, dann bleiben Fragestellungen, wie Emotionalkörper, biologischer Körper, Bewusstsein. Wo gehe ich hin? Was ist das Gefäß, durch das ich mich hier ausdrücken möchte? Wissend, dass alles das, was hier in der Trennung ist, verschiedene Grade des Träumens sind. Sie sind nicht real in dem Sinne, wie das reine Bewusstsein real ist. Sie sind selbst-fabriziert, und da ist das Problem. Durch das lange Eingebettetsein in die Materie haben sich so viele Muster tief eingeprägt, eingefräst, dass es sehr, sehr schwierig ist, diese buchstäblich aus dem

Fleisch, aus den Knochen wieder herauszukriegen.

Es ist ein wenig so, als wenn ihr euch ein Stück Eisenerz anschaut. Da ist Stein, aber da ist auch das Metall drinnen. Das Metall ist anders als der Stein, aber es ist auch fest, es ist kalt, es ist schwer. Aus Sicht des Metalls ist es identisch mit dem es umgebenden Stein, auch wenn es in Wirklichkeit anders ist. Es muss also in gewisser Weise aufgeweckt werden, es muss herausgelöst werden. Und das ist nicht so einfach, wie man sich das gerne vorstellt.

Es wäre schön, wenn man sagen könnte, ich habe einmal eine Erweckungserfahrung gehabt, ich habe kosmisches Bewusstsein gefühlt, es gibt Augenblicke, da sehe ich alles mit dem Auge der Soheit. Ich habe keine Zweifel. Meine Fragen verschwinden. Ich habe zwar keine Antworten, aber die Fragen sind weg, und das ist schon mal etwas sehr Angenehmes. Und dann kommt aber plötzlich wieder das Zwicken im Knie und das Jucken im Hals und der Hunger und alles mögliche macht sich bemerkbar. Man muss damit wieder zurechtkommen. Es ruft einen zurück, es zieht einen zurück in das *physische* Sein. Und die Gewohnheitsenergie, die Macht der Gewohnheit ist so stark, dass dieses Netz der Trennung, das sich ständig selbst erhält, immer wieder anfängt einen einzuwickeln. Immer wieder. Und zwar nicht nur im Großen, sondern auch im Kleinen. Jede Zelle tut das. Jede Zelle möchte von sich aus überleben und strahlt das aus. Zellen denken nicht über Trennung oder Nicht-Trennung nach. Knochen strahlen das aus, die Biologie, die Emotionen, die falschen Identitäten – die sind nicht plötzlich weg. Die lösen sich nicht plötzlich auf. Ja, man erkennt sie besser, das heißt aber nicht, dass sie sich aufgelöst haben. Sie sind noch da, in gewisser Weise.

Deswegen, wenn man tatsächlich hierbleiben möchte und den Zustand des Gewahrseins, des reinen Gewahrseins möglichst präzise, möglichst unbeschwert aufrecht erhalten möchte, dann braucht man *sehr* viel Mitgefühl mit sich selbst und eine gewisse Zeit, um sich zu dekonditionieren. *Dekonditionieren.* Das ist das Stichwort.

Es nützt nichts, wenn man eine tiefe Einsicht hat, aber im Physischen, im Emotionalen, auch im Mentalen Muster vorhanden sind, die auf Autopilot laufen. Diese Muster müssen aufgelöst werden. Und man kann das machen. Das geht leider nicht so schnell, wie man es gerne hätte, aber was ist schon schnell angesichts all der Leben, die ihr hattet? Angesichts all der Äonen, die ihr in der Trennung verbracht habt, was ist schon schnell?

Es scheint so zu sein, dass der Emotionalkörper tatsächlich mit das Schwierigste ist. Das ist auch der Grund, weswegen ich ihn als Erstes erwähnt habe. Der Emotionalkörper ist so sehr mit dem in den menschlichen Körper eingebetteten Bewusstsein verwoben, dass er unglaublich schwer aufzulösen ist. Und deswegen schlage ich vor, dass wir jetzt eine kleine Reise machen.

Dazu werde ich etwas Musik laufen lassen.

Noch eine Vorbemerkung: Bei allem was in diesem Workshop gesagt werden wird, handelt es sich immer um vorläufige Aussagen. Es geht nicht anders! Wir sind dabei, mit Illusionen Illusionen aufzulösen, und das ist für den menschlichen Verstand nicht immer einfach zu akzeptieren. Des Weiteren werden wir immer wieder die Ebenen wechseln, sagen wir die „Festigkeit" der Illusionen.

Nehmt mich als Althar. Ich kann als Drache erscheinen, als ein geflügeltes Reptil, aber ich kann mich gleichzeitig groß und klein machen. Ich kann meine Form ändern und jede beliebige Gestalt annehmen. Drachen werden im Allgemeinen mit Klarheit assoziiert. Mit Klarheit und in meinem Fall auch mit Mitgefühl. Das heißt aber nicht, dass ich, Althar, ein Drachenwesen bin, so wie es sich ein Mensch vorstellt und so wie es immer wieder mal in den verschiedenen Kulturen dargestellt wird.

Ich bin eine Illusion, die da ist, um Illusionen aufzulösen. Ich bin eine Erinnerung an das wahre Selbst. Ich bin eine Brücke im Bewusstsein. All das bin ich, und je nachdem, was wir gerade machen, werde ich mal diese oder jene Eigenschaft und Form annehmen, um helfen zu können. Und in diesem Moment nehme ich die Form eines Drachen an, der mit euch aus dieser Realität abhebt.

Lasst uns eine Reise machen.

Lass uns eine Reise machen. Ein Teil eures

Bewusstseins bleibt im Körper und sorgt für Ordnung, der Rest kann mit mir kommen.

Seht, oder stellt euch vor, wir ihr von oben auf diesen Raum schaut, auf die dreizehn Körper, die hier im Kreis sitzen. Und dann lasst uns immer höhersteigen, so als wenn man bei Google-Earth herauszoomen würde. Immer weiter weg. Erst ist da noch das Haus. Dann seht ihr die Region, die Berge, den Rhein. Wir steigen immer höher. Ihr seht ganz Deutschland, Europa. Wir können einfach immer höher steigen.

Genießt das Schauspiel. Ist es nicht interessant, dass je weiter man von der Erde wegkommt, sie umso schöner wird? Plötzlich ist alles gut.

Seht die ganze Erde. Den blauen Planeten. Oh ja – sie ist schön. Sie ist *wirklich* schön.

Seht diesen blauen Planeten und seht euch gegenüber den Mond an. Die Erde hat schon was.

Sie dreht sich langsam.

Aber jetzt wird es Zeit, der Erde den Rücken zuzukehren. Hier, jetzt, dreht euch einfach um. Ihr habt zwar keine Form, aber irgendwie habt ihr doch immer eine Orientierung in euch, irgendwo ist für euch vorne. Also dreht euch um. Die Erde ist jetzt hinter euch. Ihr seht sie nicht mehr und alles, was mit der Erde zusammenhängt, ist für den Moment irrelevant. *Irrelevant!* Einfach so.

Schaut, was ihr alles sehen könnt. Diese unzählige Anzahl an Sonnen, an Sternen. *So viele*

Sterne. Nicht nur ein paar, sondern Milliarden über Milliarden über Milliarden von Sternen.

Wir gehen weiter in den Raum hinein, die Erde verschwindet irgendwo hinter uns und wird zu einem winzigen Punkt.

Und jetzt schaut auf dieses Sternenpanorama, auf die Sterne. Einer der Sterne zieht euch an. Sucht euch einen aus. Alle heißen euch willkommen, aber einer ist besonders interessant. Sucht euch einen aus. Jeder seinen eigenen.

Und dann gleitet näher an diesen Stern heran, immer näher. Oh, der Stern, der ist riesig. Tausende Male größer als die Erde. Eine ungeheure Energie und Strahlkraft gehen von ihm aus. Aber die Form, die ihr jetzt habt, die wird davon nicht bedroht.

Ihr geht immer näher an euren Stern, eure Sonne heran. Es wird immer heller. Eure Sonne ist heiß. *Heiß!* Richtig heiß. Nicht ein paar hundert Grad, nein, ein paar Millionen Grad, weit jenseits des menschlichen Vorstellungsvermögens.

Je näher ihr eurer Sonne kommt, desto mehr spürt ihr, wie *alles* von euch abfällt, was euch noch mit der Erde verbunden hat. Hier draußen, in diesem Moment, braucht ihr all das nicht. Eure Vorstellungen fallen ab. Vorstellungen von Zeit und Raum.

Ihr gleitet immer näher zu der Sonne und stellt fest, dass ihr gar nicht sagen könnt, wo die Sonne anfängt und wo sie aufhört. Ihr seht nur, dass sie riesig groß ist und ihr Licht so weit strahlt. Es gibt keine richtige Oberfläche. Wo ist innen, wo ist außen bei eurer Sonne?

Ihr gleitet immer weiter. Immer mehr fällt von euch ab, Erinnerungen, Erwartungen. Gestern fällt ab, Morgen fällt ab. Es gibt nur jetzt. Diesen Augenblick.

Ihr geht in die Sonne rein, bis ins Zentrum. Die Sonne ist riesengroß, aber *Entfernung* spielt keine Rolle. Ihr geht bis ins Zentrum.

Fühlt diese Sonne. Dieses Licht, diese Strahlkraft, fühlt das, was ihr Energie nennt. So stark. Und wenn ihr in eurer Vorstellung noch glaubt, eine Hülle zu haben, dann lasst die Hülle jetzt los. Werdet eins mit dieser Sonne. Lasst euch reinfließen in die Sonne. Werdet eins mit dem Licht der Sonne.

Schaut von dieser Sonne aus auf das Panorama, auf all die anderen Sterne, die da sind.

Wenn ihr einen Stern seht, seht ihr dessen Licht, das heißt das Licht dieses Sterns berührt euch und ihr stellt fest, dass das Licht dieses anderen Sterns tatsächlich nicht viel anders ist, als euer eigenes Licht.

Wie könnte es anders sein?

Wir sind losgeflogen mit dreizehn... Bewusstseinspartikeln, wie immer man es nennen möchte. Wir haben dreizehn Sonnen erwählt und sind mit ihnen verschmolzen. Jetzt seht diese anderen zwölf Sonnen um euch herum. Lasst uns einen Kreis bilden, genau wie hier auf der Erde. Unsere Lichtstrahlen berühren sich. Unser Licht ist nicht so verschieden. Wo fängt die eine Sonne an, wo hört sie auf? Jeder ist irgendwie eine eigene Sonne, aber innen und außen, meins und deins, sind nicht *so* relevant.

Spürt die anderen, die Verbindung.

Jetzt lasst uns einen Schritt weiter gehen. Lasst eure Sonne langsam dunkel werden. Macht das Licht aus. Macht einfach das Licht aus. Legt den Schalter um.

Licht zu sehen ist eine Entscheidung des Bewusstseins.

Was immer ihr wahrnehmt, *das könnt ihr nicht sein!*

Das Spannende aber ist, auch jetzt, wo das Licht aus ist, seid ihr immer noch da.

Manche Menschen sind sehr visuell und bei jedem Wort haben sie sofort ein Bild oder eine ganze Geschichte im Kopf. Andere sind überhaupt nicht visuell. Es sind nur Worte für sie, keine Bilder. Und manchmal beschweren sie sich dann, oh, ich habe gar nichts gesehen. Aber vielleicht, nur vielleicht, ist das sogar ein Vorteil. Denn alles Gesehene muss losgelassen werden. *Es ist nicht real!*

Wahrnehmung erzeugt Realität innerhalb der Trennung. Nehmt die Trennung weg. Was bleibt?

Wo bleiben innen und außen ohne Trennung?

Wenn man vertrauter wird mit dieser Erfahrung, dass kein Bild angemessen ist, das zu beschreiben, was der wahren Realität nahe kommt, dann spielt es keine Rolle, ob man irgendetwas wahrnimmt oder nicht.

Manchmal können diese Bilder helfen. Als wir hier rausgegangen sind, habe ich Bilder benutzt, aber wenn ihr das reine Bewusstsein erfahren wollt, dann sind alle diese Sinneswahrnehmungen, an die ihr so gewohnt seid, einfach nur Schleier der Trennung.

Manchmal erahnt man so etwas. Vielleicht erahnt es der ein oder andere in diesem Moment – vielleicht *erlebt* er es auch.

Aber aufgrund der langen Geschichte, die ihr in der Trennung hattet, dauert es manchmal recht lange, bis diese wahre Weisheit mit allen Konsequenzen akzeptiert werden kann.

Und bis es soweit ist, gibt es keinen Grund, nicht weiter mit anderen Illusionen Illusionen aufzulösen. Also lasst uns das Licht wieder anmachen. Lasst es wieder hell scheinen. Plötzlich ist da wieder ein Universum. Ah, das kennen wir. Und als Sonnen fällt es uns nicht schwer, ein paar Strahlen Richtung Erde zu schicken, in Richtung dieses Treffens von dreizehn Menschen in Untergrombach.

Wenn ihr mögt, dann könnt ihr diese Sonne als euer wahres Selbst annehmen. Vielleicht ist es für euch nur ein Symbol oder es ist eine erlebte Wirklichkeit – das wisst nur ihr selber. Aber ich nenne es jetzt mal euer wahres Selbst. Und schaut euch von hier oben als Sonne, als wahres Selbst, die Inkarnation auf der Erde an.

Und wie sich das für ein gutes wahres Selbst gehört, kann es natürlich auch in der Zeit vorwärts und rückwärts schauen. Schaut euch diese Inkarnation eurer Selbst an. Schaut, was sie so den ganzen Tag über tut.

Wie viel Zeit verbringt diese Inkarnation damit, sich um ihren biologischen Körper zu kümmern? Ums Essen. Sie braucht Geld, um essen zu können. Sie muss einkaufen, Essen zubereiten, Essen zu sich nehmen, Essen wieder ausscheiden.

Dann schaut euch den Emotionalkörper an. Er ist ständig in Aktion! Zusammen mit Teilen des Verstandes. Wie viel Energie, wie viel Energie braucht diese Inkarnation, um all diese Muster aufrecht zu erhalten? Um all die Interaktionen aufrecht zu erhalten. Um ständig Identitäten hervorzubringen und sie ständig zu verteidigen. Und dann nicht nur eine, sondern viele. Schaut euch das mit dem Auge der Soheit und voller Mitgefühl an.

Ich nenne mich Althar, eine Brücke im Bewusstsein. Ein Mysterium, das das Absolute und das Relative verbindet. Eine Erinnerung an das wahre Selbst. Wie wäre es, wenn ihr jetzt etwas Ähnliches hervorbrächtet, für euch aus eurem wahren Selbst heraus.

Wenn ihr kein Bild bekommt, umso besser. Und wenn ihr ein Bild bekommt, dann macht es schön, macht es erhaben. Macht ein Bewusstseinswesen, vielleicht einen Drachen, aber es kann irgendetwas sein. Irgendein Wesen zu dem ihr eine Beziehung habt und zu dem eure Inkarnation eine Beziehung hat. Ihr gebt ihm eine gewisse Form, ohne es in eine Form einzuzwängen.

Es ist an der Zeit, mit dieser Inkarnation auf der Erde eine echte Beziehung einzugehen, das „Drei in Einem“ einfacher zu machen, immer einfacher zu machen.

Also, wenn ihr soweit seid, dann schickt dieses Bewusstseinswesen los. Kommt gemeinsam mit mir wieder Richtung Erde. Es ist egal, welche Form ihr wählt, aber es wäre gut, wenn sie Augen hätte.

Lasst euch Zeit. Kommt langsam zurück zur Erde. Kommt immer näher. Nur keine Eile. Spürt ihr den Unterschied? Das wahre Selbst ist nicht in Bewegung, aber es kann einen Teil von sich in eine Art von Bewegung versetzen. Genau das tun wir.

Eine helfende Hand? Eine hilfreiche Illusion? Ein Drache? Nennt es, wie ihr wollt. Kommt langsam diesem physischen Bereich näher.

Lasst uns kurz oberhalb der Gruppe versammeln. Ihr habt euch eben begrüßt, ihr als Menschen – ich spreche jetzt zu den Menschen – von Angesicht zu Angesicht, von körperlicher Form zu körperlicher Form. Lasst uns jetzt ein wenig tiefer gehen. Lasst uns ganz über die Form hinausgehen, auch über die Illusion von Zeit hinaus. Denn auch wenn hier viele Inkarnationen von euch sind, so stellen sie doch immer Abschnitte auf irgendeinem Zeitstrahl dar. Lasst uns darüber hinausgehen.

Diese Bewusstseinswesen werden jetzt langsam in den Raum kommen, aber sie werden sich nicht gleich zu der Inkarnation begeben, zu der sie gehören. Ganz im Gegenteil, sie gehen erst zu allen anderen.

Nehmt sie wahr, diese Bewusstseinswesen der anderen. Vielleicht könnt ihr ihre Form erahnen. Es ist nicht wichtig etwas zu sehen. Wer etwas sieht, wunderbar, genießt es. Aber ihr könnt sie *fühlen.*

Es ist faszinierend zu fühlen, dass sich Akzeptanz so unterschiedlich anfühlen kann, je nach dem, wo sie herkommt. Man könnte meinen, Akzeptanz ist Akzeptanz, aber je nach dem, wer sie ausstrahlt, fühlt sie sich völlig verschieden an. Und auf der menschlichen Ebene tut es einfach nur gut.

Macht kein Problem daraus, dass ihr gleichzeitig im menschlichen Körper seid und ein Bewusstseinswesen von euch hier herumlaufen habt. Seid einfach beides gleichzeitig. Fühlt von eurem menschlichen Körper aus und lasst euer Bewusstseinswesen einmal im Kreis gehen und schaut den Menschen vor euch in die Augen. Seht sie, wie sie wirklich sind, was sie wirklich sind. Sagt guten Tag, ich freue mich, dich zu sehen.

Dann geht langsam als Bewusstseinswesen zu eurer menschlichen Inkarnation. Stellt euch genau vor sie. Legt euer Zentrum der Wahrnehmung in dieses Bewusstseinswesen. Dann schaut auf euren Körper, schaut, wie ihr da sitzt. Ihr könnt alles sehen. Ihr seht alles das, was man unter Menschen Ungleichgewichte nennt, im Körperlichen, im Emotionalen, im Mentalen, im Kausalen. Überall sind kleine Wirbel, kleine Strudel. Diese Strudel ziehen ständig von außen irgendetwas an, um sich selbst am Leben zu erhalten. Als Bewusstseinswesen könnt ihr das sehen.

Und als Bewusstseinswesen, als Brücke im Bewusstsein zu eurem wahren Selbst, seht ihr auch, dass diese kleinen Strudel, diese Unbalanciertheiten, keine echte Realität haben. Ihr nehmt sie zwar wahr, aber ihr interessiert euch nicht für sie.

Jetzt stellt euch vor, wie ihr mit dem Kopf eures Bewusstseinswesens den Kopf eurer Inkarnation berührt. Stirn an Stirn. Ihr legt die Köpfe aneinander, in der Annahme, dass eure Bewusstseinswesen einen Kopf haben, ansonsten macht euch eben einen.

Legt sie aneinander. Drittes Auge an drittes Auge. Keine Angst.

Ich habe mich seinerzeit vorgestellt als Althar, der Drache des Mitgefühls. Mitgefühl, das ein helles Licht auf alles scheint, was in einem verborgen ist, auf alles das, was der Mensch nicht sehen möchte, was er vor sich selbst versteckt.

Jetzt, in diesem Moment, Stirn an Stirn, Bewusstseinswesen berührt menschliche Inkarnation, da kann das Bewusstsein verschmelzen. Es dringt in den gesamten physischen Körper ein, in den Emotionalkörper, in die Gedanken, in alles das, was noch vor den Gedanken ist. Und es sagt einfach: „Ist okay. Ist okay."

Erlaubt, dass sich alle Unbalanciertheiten aus eurem Körper lösen. Alles, was irgendwie steckengeblieben ist. So wie Kohlensäurebläschen sich aus einer reinen Flüssigkeit lösen. Sie steigen einfach auf. Wo kommen sie her? Vorher waren sie nicht da, aber jetzt blubbert es ständig. Man hat sie nicht gesehen, aber plötzlich lösen sie sich. Und wo bleibt eine Illusion, wenn sie sich auflöst?

Jetzt erlaubt, dass sich dieses Bewusstseinswesen ganz um euren Körper herumlegt und ihn auch durchdringt. Es wird sozusagen eine größere Ausgabe von euch selbst. Es ändert seine Form.

Wenn ihr keinen Unterschied zwischen Mensch und Bewusstseinswesen macht, dann gibt es keinen Unterschied.

Wir haben hier zwei in einem. Das Relative und das Mysterium. Jetzt lasst uns das Dritte dazu holen, das Absolute.

Lasst uns wieder ein Symbol nehmen. Die Sonne von eben. Lasst sie näher an diesen Ort herankommen. Aber die Sonne ist nicht mehr so groß wie eben, jetzt ist sie so groß wie ein Tennisball. Sie nähert sich langsam, kommt immer näher. Sie kommt circa dreißig bis vierzig Zentimeter über eurer Schädeldecke zum Stillstand.

Ein wunderbares Symbol.

Wenn ihr möchtet, dann lasst diese Sonne jetzt in euch ein. Sie kommt ganz langsam herunter durch euren Scheitel. Haut und Knochen sind für sie kein Widerstand. Sie geht bis in euer Herz.

Von da lasst sie wieder groß werden. So groß, dass sie *alles* ausfüllt. Nicht nur so groß wie sie eben war, als Stern irgendwo am Firmament, sondern so groß, dass sie einfach alles ausfüllt.

Drei in Einem. Der Traum vom Erwachen. Der göttliche Mensch. Wir leben in einer Zeit, in der man darüber sprechen kann. Wir sind hier in einer Gruppe, in der man so etwas sagen kann, ohne komisch angeschaut zu werden, ohne sich verteidigen zu müssen, ohne sich rechtfertigen zu müssen. Eine Gruppe von Menschen, Bewusstseinswesen, wahren Selbsten, die zulassen, die Dinge so zu sehen, wie sie sind und die erlauben, Mitgefühl dafür aufzubringen, dass die Illusion der Zeit für ihre Auflösung ein wenig Zeit benötigt.

Sich diesem „Drei in Einem" gewahr werden ist ein erwachter Augenblick. Was sonst könnte Erwachen sein, wenn nicht erwachter Augenblick auf erwachter Augenblick.

Erwachen findet nicht gleich statt oder Morgen. Es kann nur *jetzt* stattfinden. Und es ist nur eine Entscheidung entfernt.

Bin ich bereit, das Auge der Soheit zu wählen und nicht das Auge der Trennung? Verstärke ich die Trennung oder verstärke ich mein Gewahrsein? Beides gleichzeitig geht nicht.

Das ist ein wunderschöner Augenblick, ein wunderschöner Anblick. Alle meine Drachenkollegen sitzen in Ehrfurcht da, und nicht nur sie. Falls ihr es nicht bemerkt habt, wir haben viele Begleiter und viele Beobachter. Die üblichen Verdächtigen sozusagen. Sie lassen sich so etwas nicht entgehen. Aber dieser Augenblick ist für euch.

Es gibt keinen Grund, aus diesem Zustand wieder herauszutreten. Es wäre völlig unnötig. Also macht langsam die Augen auf und behaltet diesen Zustand bei. Und nebenbei bemerkt, es gibt keinen Grund, mit den Augen zu sehen. Ohne Augen seht ihr viel mehr.

Tja, wenn da nicht die Biologie wäre. Man kann stundenlang so verbringen, gewisser Weise jenseits der Zeit, aber irgendwann meldet sich immer die Biologie. Dann spätestens bewegt man sich und fällt allzu leicht in seine Muster zurück. Dann irgendwann kommt der Punkt, wo man wieder achtsam ist und Mitgefühl für sich selbst hat. Eure Bewusstseinswesen und ich werden mitgehen zum Essen, falls ihr Essengehen möchtet. Wir wünschen euch dabei einen guten Appetit. Ihr könnt wenigstens schmecken, wir können nur zugucken.

In diesem Sinne, ich bin Althar, der Kristall-Drache.

3. Fragen und Antworten

JOACHIM: Roberto hatte eine Frage?

TEILNEHMER 1: So, das geht aber schnell.

JOACHIM: Das macht nichts.

TEILNEHMER 1: Ich habe eigentlich zwei Fragen. Aber ich mach erstmal die eine. Ich mach erstmal das mit dem Gewahrsein.

Wir oder du oder auch alle anderen oder auch ich reden immer über das Gewahrsein. Also an sich ist es so, ich beobachte was, egal um was es geht, Gedanken, Gefühle, Objekte, Raum, was weiß ich. Da ist eben das Objekt, da ist der Beobachter und da ist die Beobachtung. Das sind drei Dinge und ich glaube nicht, dass das das eigentliche Gewahrsein ist, weil, wenn ich jetzt zum Beispiel gedankenfrei bin, dann nehme ich einfach meinen Körper wahr und dann noch irgendwelche unsichtbaren Dinge um mich herum. Das kann ich aber nicht wegdrücken. Bei Gedanken fällt mir das viel leichter, so dass ich gedankenleer werde und ich glaube oder ich vermute, dass, wenn alle drei Dinge zusammenkommen, dass man dann eigentlich das eigentliche, echte Gewahrsein hat. Und das, was wir jetzt haben, das ist für mich einfach vielleicht sowas wie eine Verdichtung eines Gewahrseins innerhalb eines Aspektes des Ich Bin. Aber dieses eigentliche Gewahrsein, von dem man immer redet, dass das wahre Selbst sich gewahr ist all dieser Dinge, das ist nicht das, was ich jetzt wahrnehme. Das glaube ich nicht.

JOACHIM: Nö, ich auch nicht.

TEILNEHMER 1: Ja, eben. Weswegen reden wir immer über Gewahrsein?

JOACHIM: Ja, weil du irgendein Wort brauchst. Aber Gewahrsein... man bräuchte ein zweites Wort neben Bewusstsein, aber das haben wir nicht. Bewusstsein ist immer basierend auf Trennung. Du hast genau das Objekt, du hast das Subjekt und du hast die Beobachtung. Ohne Trennung gibt es das nicht. Und damit hast du das Sehbewusstsein, das Hörbewusstsein, das Denkbewusstsein und all die verschiedenen Bewusstseinsarten.

Nennen wir es vielleicht Bewusstsein und Gewahrsein. Du hast das Bewusstsein und dann haben wir das Gewahrsein. Das ist das, wo du eben den Finger nicht mehr darauflegen kannst. Das Gewahrsein „Ich existiere". Aber während du in diesem Gewahrsein bist, musst du weder dieses „Ich" definieren, noch musst du dir den Gedanken „Ich existiere, ich existiere" vor dir herplappern. Während du drin bist, ist es dir auch grad egal. Es ist einfach nur alles gut, und wahrscheinlich dann retrospektiv, kaum das du wieder raus bist, hast du das Gefühl „Ah, ich existiere".

So, und das ist eine ganz heikle Geschichte. Ich erinnere mich da, im „Neuen Magier" habe ich da lange rumgemacht. Wie soll man das ausdrücken? Weil, normalerweise brauchst du für jede Wahrnehmung einen Sinn. So, und dann kommt sofort der Schlaumeier und sagt: "Na ja, wo hat jetzt das wahre Selbst bitte seinen Sinn?

Da hast du ja vorher schon irgendwas angehäuft, dass da irgendein Sinn zustande kommt." Aber nein, das ist aber nicht so. Dieses Gewahrsein seiner selbst, das ist die dem wahren Selbst innewohnende Eigenschaft. Punkt. Ende der Diskussion. So würde ich es ausdrücken. Da ist kein Sinn da. Da ist einfach „Ich existiere". Ich bin vor jeder Form. Ich bin vor jedem Gedanken. Ich bin vor der Zeit. Ich bin vor Raum. Ich bin vor Hören, vor Essen und allem Möglichen. Ich bin einfach. Und alles andere sind Spiele in der Trennung. Alles andere sind Spiele in der Trennung.

Und das, wie soll ich sagen, das vielleicht Fatale ist manchmal, dass man das vielleicht erkennt, aber dann sagt: „Na, was soll das denn dann alles? Ich kann alles nur vorbeiziehen lassen, ist ja wunderbar, ich bin dann hier und alles zieht vorbei, ich bin trotzdem noch hier, aha". Und da kann eine große Depression aufkommen. Und deswegen ist es so wichtig, hinter die Trennung zu gucken. Und dann kommt wieder der Schlaumeier und sagt: „Na ja, wie soll ich dahin gucken? Es gibt doch keine Sinnesorgane." Stimmt. Aber du kannst es trotzdem spüren und vielmehr ist nicht drin. Vielmehr kann man von hier aus nicht sagen. Aber es gibt so etwas wie Gipfelmomente, wo man buchstäblich im wahren Selbst ist. Und wenn man sich dann daran gewöhnt hat, dann gibt es für den einen oder anderen manchmal Wahrnehmungen über das hinaus. Und das würde ich jetzt nicht als normale Wahrnehmung bezeichnen.

Wahrnehmung ist immer eine Verzerrung. Eine Verzerrung von dem, was ist, es geht nicht anders. Es ist immer ein Abbild, eine Interpretation und was nicht alles.

Und wenn man das Darüberhinaus nicht hat, wenn man nur hat, „Okay, ich lasse alles vorbeiziehen. Ich bin zwar noch meiner Selbst gewahr, dass ich bin, okay, ist alles ziemlich schwarz hier, das ist toll, nicht“, mag das auch mal entspannend sein, ganz bestimmt, wenn du anschließend wieder arbeiten gehst oder sonst irgendwas tust. Oder dich um deine pubertierenden Kinder kümmern musst oder so, aber es hilft nicht wirklich weiter. Und es kann zu einer unglaublichen Frustration werden. Und das ist das, wo viele reinfallen, die sich zum Beispiel mit Non-Dualismus beschäftigen, weil okay, das verstehe ich dann wohl, da ist irgendwie nichts da, festhalten lohnt sich auch nicht, weil, es zerbröselt ja sowieso zwischen den Händen. Aber irgendwie bin ich ja noch hier, was mache ich denn jetzt? Und das ist ein Punkt, da kommt der Verstand nicht weiter und es ist auch etwas, was der Verstand sehen kann.

Also wenn man mutig ist und auch vielleicht intelligent ist, vielleicht gehört das auch zusammen, das weiß es nicht, dann kann der Verstand an den Punkt kommen, wo er in sich sieht, das kann ich nicht lösen, ich habe dafür kein Instrument. Der Finger kann sich nicht selbst berühren. Das ist nicht weiter schwer zu verstehen, ich kann das den ganzen Tag versuchen, aber der Finger kann sich nicht selbst berühren. Und der Verstand kann genauso erkennen, okay, mit dem, was mir möglich ist, kann ich nicht darüber fummeln, in das, was keine Trennung hat, es geht nicht.

TEILNEHMER 1: Aber warum macht denn das wahre Selbst dann nichts und nimmt es in die Hand und tut das auslösen, weil, wenn ich hier nix machen kann, dann komme ich mir ja ein bissl verarscht vor hier.

JOACHIM: Was soll das wahre Selbst machen?

TEILNEHMER 1: Verarscht komme ich mir vor. Wie, wenn man hier so ein Programm ablaufen muss, aber das wahre Selbst weiß es ja eigentlich, wenn ich es weiß, muss es das ja auch wissen.

JOACHIM: Na ja, also die Geschichte, die wir uns ja hier ganz gern erzählen, läuft ein bisschen anders. Und dann ist die Frage: „Ist das nur eine schöne Geschichte? Ist es real? Spielt es überhaupt eine Rolle?" Ich sage, wenn es hilft, ist es real genug.

Ja, und die Geschichte, die man sich ganz gern erzählt, oder eine von vielen, ist, okay, das wahre Selbst ist an sich bereits in Trennung und es möchte da rauskommen. Nur ist die Trennung auf der Ebene des wahren Selbst unglaublich viel subtiler als hier, *viel* subtiler. Hier ist alles Haut und Knochen und Aua und sowas. Das ist so fest und real. Da oben ist das mehr so, ah, mmh, irgendwas ist nicht ganz richtig. Ich bin zwar da, aber irgendwie weiß ich auch nicht genau, wer oder was oder wie ich bin. Na gut, nun bin ich halt hier, jetzt mach ich halt mal. Und dann machen wir halt mal Trennung erkunden. So, und dann bist du Mensch, buchstäblich am anderen Ende des Spektrums. Und das genau ist die große Chance. Weil, wenn der Mensch erkennt, ich bin ja noch nicht einmal von meinem wahren Selbst getrennt, es ist eine vollständige Illusion, das ist dann die Initialzündung auch für das wahre Selbst. Aha! Aha! So.

Wo war das? Ich glaube, schon im ersten Buch spricht Althar von dem Prinzip des Aufstiegs. Wo ein wahres Selbst das zwar im Prinzip erkennt, aber es noch nicht wirklich ganz glauben kann. Da sind immer noch Zweifel und so weiter. Aber über den Umweg des Menschen, der sich in Zeitlupe alles langsam, langsam scheibchenweise in der Zeit erarbeitet, gekettet an die Zeit und feststellt, äh, hier ist alles Polarität und alles dreht sich ja letztlich doch im Kreis und jetzt ist echt mal gut. Und jetzt gehe ich da raus, trotz aller Schwierigkeiten, trotz aller Existenzängste und ich realisiere, ich bin tatsächlich von meinem wahren Selbst nicht getrennt. Dann ist das genau der Funken Weisheit, der auch dem wahren Selbst erlaubt, die letzte Hülle irgendwie fallen zu lassen, und dann ist das Spiel ein komplett anderes. Dann ist die Perspektive, aha, Trennung ist tatsächlich in gewissem Sinne nur ein Traum. Nur eine Möglichkeit des Bewusstseins, die deswegen auch erkundet wurde. Ja? Weil, was denn sonst? Aber es ist eben nur, wie soll ich sagen, eine paradoxe Idee im Bewusstsein, die durchgespielt worden ist. Wenn man drinnen ist, dauert das alles ziemlich lang und tut auch mal weh und ist auch mal schön, aber sobald man draußen ist, ist das, wie soll man sagen… kann man das *ernst* nehmen? Man kann es nicht mehr ernst nehmen! Es geht einfach nicht. Deswegen kommen so wenige zurück, und sagen: „Jetzt guckt mal Leute, guckt mal genau.“ Denn es nützt nichts.

TEILNEHMER 1: Aber du hast den Begriff Erkennen genommen.

JOACHIM: Ja.

TEILNEHMER 1: Und Erkennen, würde ich jetzt mal sagen, spirituelle Leute würden erkennen erst einmal so definieren, ich habe etwas gefühlt, ich habe etwas gedacht, das hat in sich irgendwie eine tiefere Erkenntnis. Das ist das, was ich erkenne. Aber wenn man jetzt von der Realisierung spricht, dann ist ja eigentlich das Erkennen nicht mehr diese Ebene, sondern das ist etwas, darauf habe ich dann eben keinen Einfluss mehr, also, ich kann es nicht tun, damit meine ich das. Und wenn ich es selber nicht tun kann...

JOACHIM: Das ist nicht ganz richtig. Dann mag der Begriff irgendwie komisch sein. Der Punkt ist, solange du etwas tust, bist du genau die Ursache, dass es nicht funktioniert.

TEILNEHMER 1: Wie bitte?

JOACHIM: Solange du etwas tust, bist du genau die Ursache, dass es nicht funktioniert, weil, du damit die Trennung real machst. Du sagst dir selbst, aha, es ist ja noch nicht so, also muss ich etwas tun und genau damit mache ich die Grenzen und die Zeit und alles Mögliche real. Und vielleicht geht es mir anschließend ein bisschen besser, das will ich ja nicht bestreiten. Aber im Prinzip bleibt es dabei, du bewegst dich in der Zeit. Ich muss mich *verbessern* oder ich muss mir neue Gewohnheiten, irgendwas aneignen, wunderbar, kann ich machen. Dann kann ich besser durch die Polarität surfen und so weiter, das ist schön und nach X-tausend Leben bist du auch ganz gut darin, irgendwann einmal, vielleicht, aber es ändert nichts in der Tiefe. Weil die Tiefe ist, du bist im Tiefschlaf. Und du musst aufwachen. Punkt. Und dazu musst du gar nichts machen, außer im metaphorischen Sinn die Augen aufzuklappen.

Und das andere ist die unglaubliche Gefahr überhaupt darüber zu sprechen. Und da bin ich ein großer, großer Bewunderer von Buddha, der sich immer geweigert hat, über sowas überhaupt zu sprechen. Die Leute kamen und fragten: „Haben wir eine Seele? Was passiert nach dem Tod? Sag mal, was ist denn das Nirwana?“ Er hat einfach nichts gesagt. Das ist ziemlich weise.

Und deswegen aber auch ziemlich schwer zu akzeptieren, denn jeder möchte immer ein bisschen Zuckerchen haben, ein bisschen Sonne hier oder da, will gestreichelt werden und so. Oh, du bist ein großer alter Pharao, bist nochmal da und jetzt kriegen wir das auch hin. Auch wenn nichts, was man sagen kann, stimmen mag, braucht man irgendwie doch einen Ersatz. Einfach nur zu sagen: „Du wirst dann schon sehen“, das mag für den ein oder anderen reichen und es ist vielleicht das Beste, was man machen kann. Aber man kann einen Schritt weiter gehen und kann versuchen, ein Licht darauf zu werfen, was dann ist. Und zwar nicht als so ein vorgestellter Himmel, der als Belohnung auf einen wartet, sondern einfach, um deutlich zu machen, das hier ist kein Unfall. Es ist nicht so, dass es Trennung gibt und danach Erwachen irgendwie das Verlöschen ist. Ganz im Gegenteil. Es ist ein Bereich, der erkundet werden kann und wenn man genau hinschaut, kann man feststellen, wie unglaublich flexibel und groß Bewusstsein bereits in der Trennung ist. Bereits in der Trennung! All das hier und alles, man kann hingucken, wo man will, überall sind Muster, sind kleine Abgrenzungen, jede Zelle ist abgegrenzt, überall sind Abgrenzung und trotzdem passieren ziemlich coole Sachen.

Und was ist erst möglich, wenn die ganze Trennung wegfällt? Das ist so ein bisschen die Karotte, kann man sagen, die vor einem baumelt, aber man kann es positiv sehen. Man kann es spüren, man kann es vielleicht nicht unbedingt über den Augenblick hinaus realisieren, aber ich finde, es ist angenehm, sowas wie eine Ahnung davon zu haben, nicht nur hier zu sein und vorbeiziehen zu lassen.

Und ich muss dazu sagen, ich komme aus dem Zen und habe 20, 25 Jahre lang intensiv Zen gemacht und mache es eigentlich immer noch und da wird sehr wenig darüber gesprochen. Das ist eine große Schwierigkeit. Es ist eine große Schwierigkeit, finde ich, weil, es wird dann irgendwann zu einer Routine. Du praktizierst das Erwachen, buchstäblich. Aber die Empirie zeigt, na ja, es ist ein schwieriges Geschäft. Im echten Leben? Na ja, das mit dem Buddha und dem Erwachen, das ist ja eh nur für die anderen, es dauert noch, ach, ich habe es ja doch so schwer, und so weiter. Du sitzt auf deinem Schatten rum und nichts tut sich.

Es ist ein schwieriges Geschäft. Insofern finde ich, ist es sehr gut, das von allen Seiten zu beleuchten. Und auch dann, bei allen Schwierigkeiten, die das bringt, einen Blick darüber hinaus zu werfen, soweit das geht. Es kann immer missbraucht werden. Man kann selbst leicht ein wenig spinnert werden. Aber als sich mir das so eröffnet hat, war das für mich eine extrem große Hilfe. Anders kann ich das nicht sagen. Und vorher dachte ich immer, na ja, es ist alles richtig. Auch was der Buddha sagt, alles richtig. Und dann aber, darüber hinaus, ist ja gut nichts darüber zu sagen, weil, was du sagst, ist immer falsch, denn Worte sind begrenzt und so weiter, aber man muss doch Mittel finden, irgendwie das anzudeuten, in irgendeiner Art und Weise. Als Hilfe.

Ja. Noch jemand eine Frage?

Was ist los? Alle schlafen?

TEILNEHMER 2: Bei mir kam die Frage auf, als ihr so geredet habt: „Ja jetzt bin ich da, was dann?“

JOACHIM: Nochmal.

TEILNEHMER 2: Jetzt bin ich gewahr. Was dann?

JOACHIM: Was ist dann? Sag es mir.

TEILNEHMER 2: Ja. Egal.

JOACHIM: Sag es mir, wenn du gewahr bist. Denn dann wissen wir es ja.

TEILNEHMER 2: Ja. Ist egal. Also, irgendein Teil von mir fragt sich, was ist dann? Wenn ich da bin, was ist dann? Dann ist ja alles erreicht. Was dann?

JOACHIM: Genau. Und das ist einer der Gründe, weswegen sehr gerne das Erwachen aufgeschoben wird. Ich war mein Leben lang Sucher, was passiert, wenn ich finde? Gott, was mache ich nur? Was mache ich nur?

Es ist so, wie mit Frau Merkel. Alle demonstrieren, Frau Merkel muss weg. Und dann ist sie weg und alle demonstrieren, Merkel muss bleiben, damit sie weg kann.

Suchen ist ein Lebensinhalt, es ist cool. Es ist sogar besser, als moralisch zu sein. Es ist das einzig Wichtige überhaupt. Ja, moralisch sein ist immer einfach, aber wirklich auf der Suche sein, ist nicht einfach. Also, wenn ich jetzt finde, was dann? Was soll ich nur tun, wenn ich finde?

TEILNEHMER 2: Ein Teil von mir kann damit nicht umgehen, dass es nichts mehr gibt zu finden, wenn alles da ist.

JOACHIM: Ja, das ist bitter, genau.

TEILNEHMER 2: Ja, das ist bitter. Ein Teil von mir hat keinen Lebenszweck mehr.

JOACHIM: Kein was?

TEILNEHMER 2: Keinen Lebenszweck mehr. Der Sucher hat keinen Lebenszweck mehr.

JOACHIM: Absolut richtig. Begrab ihn. Trag ihn zu Grabe. Dieser Sucher ist der Teufel in Person. Buchstäblich. Weil, er fesselt dich an die Polarität. Im Guten wie im Schlechten. Der Sucher heißt einfach, so wie es ist, ist es nicht in Ordnung. Lass uns was unternehmen. Lass uns zum nächsten Augenblick gehen, zur nächsten Jetzt-Sphäre gehen. Da ist es *bestimmt* besser.

TEILNEHMER 2: Es ist ja ein Teil von mir.

JOACHIM: Ja klar.

TEILNEHMER 2: Der Sucher ist ja ein Teil von mir. Und ich frage mich, wie kriege ich den so weit, dass er sagt: „Ja, es ist okay. Es ist für mich okay, dass ich aufhören kann zu suchen. Es ist für mich vollkommen in Ordnung." Weißt du, was ich meine?

JOACHIM: Ja, ich weiß, was du meinst. Und die einzige Antwort, die ich Dir geben kann, ist, du wirst ihn nicht überzeugen können. Du wirst ihn nicht zu Tode quatschen können. Er wird immer eine nächste Frage stellen und sagen: „Ja, da ist aber immer noch etwas. Bist du dir *ganz* sicher?“ Das Einzige, was hilft, ist, einen Moment reinen Gewahrseins zu erleben. Und in dem Moment stellt sich die Frage nicht. In dem Moment stellt sich die Frage nicht. Und das ist die Antwort auf alles.

Und dann mach den Moment ein bisschen länger und dann hast du den Sucher auch verarztet. Das wird aber nicht sofort funktionieren, der Sucher kommt wieder und der Mensch kommt wieder und die Muster kommen wieder und dann machst du es gerade nochmal. Und das ist der einzige Weg. Also ich kenne keinen anderen Weg.

Das ist genau der Grund, weswegen Buddha sich geweigert hat, über solche Dinge überhaupt zu sprechen.

TEILNEHMER 2: Das ist halt das eine Argument. Der Sucher hat halt immer ein Argument.

JOACHIM: Ja.

TEILNEHMER 2: Und wenn ich das Gewahrsein einmal erlebt habe, gibt es das Argument nicht mehr, das der Sucher braucht, um zu sein. Ich hoffe, ich habe mich jetzt klar ausgedrückt.

JOACHIM: Das ist aber nicht der Sucher, den ich kenne. Weil, der Sucher den ich kenne, der hat bei jedem Gegenargument oder bei jeder überzeugenden Klarstellung erstmal zehn neue Fragen. Er geht auf die nächste Ebene.

TEILNEHMER 2: Ja, aber wenn ich den Punkt des Gewahrseins habe, wo nichts mehr beantwortet werden braucht, wenn gar keine Frage da ist.

JOACHIM: Das ist der Punkt. Es ist gar keine Frage da.

TEILNEHMER 2: Es ist ja gar keine Frage da. Das ist etwas, womit der Sucher nicht umgehen kann.

JOACHIM: Das wirst du mir sagen, wenn du es hast und dem Sucher präsentierst. Ernsthaft, nein, wenn du dem Sucher Aufmerksamkeit gibst, wird der immer etwas finden. Und irgendwann wird er vielleicht zur Ruhe kommen. Und ich kann dir ehrlich nicht sagen, ob es realistisch ist, wenn du noch auf der Erde herumläufst. Das weiß ich nicht, das kann ich dir nicht sagen.

Ich weiß nur, in dem Moment, wo reines Gewahrsein da ist, stellen sich die Fragen nicht und der Sucher ist aber so etwas von nichtexistent. Und dann kommt der Rest wieder und dann kommt alles wieder und dann kommt eben auch das: „Ha, das war eine schöne Erfahrung, aber es war auch *nur* eine Erfahrung“ und dann wird das geschrumpft und klein gemacht.

Auch wenn ihr vielleicht gerade eben etwas Schönes erlebt habt, da gebe ich dir Brief und Siegel, in einer Woche wird das geschrumpft zu: „Ja, war ja ganz nett.“ Zwei Wochen später: „Ach ja, da war ja was. Müssen wir nochmal machen und dann gucken, was passiert.“ Das ist normal.

TEILNEHMER 2: Bei mir ging es los mit der Frage: „Wer bin ich?“

JOACHIM: Wie bitte?

TEILNEHMER 2: Bei mir fing es an mit der Frage: „Wer bin ich?“ Und dann habe ich die Frage für mich irgendwie plausibel beantwortet, und dann kam die Frage: „Ja und?“

JOACHIM: Und was jetzt, ja genau.

TEILNEHMER 2: Warum, warum, das war die Frage. Warum, warum, warum, so kleine Kinder fragen immer gerne warum. Bei mir kommt immer: Ja und? Jetzt weißt du, wer du bist, ja und? Und jetzt?

JOACHIM: Wenn du es weißt, dann sag es mir.

TEILNEHMER 2: Nee, kann ich nicht sagen.

JOACHIM: Gut.

TEILNEHMER 2: Geht nicht. Ich kann es nicht in Worten ausdrücken. Es geht nicht.

JOACHIM: Ja.

TEILNEHMER 2: Das ist ja nur für mich. Das ist ja meine Wahrheit, mein Wissen. Mein Gewahrsein, was ich habe, und das kann ich nicht jemandem anderen geben. Das funktioniert nicht. Für mich nicht. Also, ich sehe auch nicht, dass es funktionieren würde. Denn das ist ja mein Bild davon und der andere würde es angucken und sagen, ja, das bin aber nicht ich. Und dann würde es nicht funktionieren, also wenn, dann muss das jeder für sich selber entdecken.

JOACHIM: Aha, und trotzdem sage ich einfach mal so in den Raum, wenn es keine Trennung gibt, ist auch das Bewusstsein im Kern nicht so fürchterlich verschieden. Nicht so fürchterlich verschieden und tatsächlich ticken wir alle ziemlich ähnlich.

TEILNEHMER 2: Das ja. Das ja.

JOACHIM: Lass uns nicht so viel diskutieren. So verschieden sind wir alle nicht. Es mag sein, dass in einer gegebenen Lebenssituation dem Einen das eine mehr hilft als das andere. Aber, wenn man wirklich immer weiter reingeht und tiefer geht und tiefer geht und tiefer geht, dann ist das ziemlich ähnlich. Es sind die gleichen Fragestellungen, die gleichen Zuckungen, sag ich mal, die auf unterster oder höchster Ebene passieren.

Dann kristallisieren die sich aus, in alle möglichen Arten von, nennen wir sie Schneeflocken. Alle sind verschieden, aber so wirklich verschieden sind sie dann doch nicht, weil im Grunde ist es Wasser. Punkt. Mal in so einer Form, mal in so einer Form, aber alle wollen sie irgendwie schmelzen. Und plötzlich sind sie wieder eine Pfütze oder was und sagen: „Hoppla, wie konnte das sein? Wie konnte ich jemals glauben, dass ich *nur* eine Schneeflocke bin oder ein Eiskristall oder irgendwas? Und *mir* hat das und das geholfen." Ist recht. Doch tatsächlich war es die Temperatur und das alleine ist das Zugrundeliegende. Und was bei Schneeflocken die Temperatur ist, nenne ich beim Menschen das Gewahrsein. Das schmilzt nach und nach alles weg.

Alles ist erschaffen, und zwar in diesem Falle von dir und von dir und von dir und von jedem, der hier sitzt, und nichts kann diesem reinen Gewahrsein standhalten. Jedenfalls nicht dauerhaft. Und weil es aber offenbar empirisch dann doch ein wenig dauert, da braucht man dann das Mitgefühl mit sich selbst, so ist halt die Erfahrungstatsache.

TEILNEHMER 3: Rumi hat das mal schön ausgedrückt. Also, ich überlege gerade, ob ich das so ganz zusammenkriege, weil, ich sehe das Bild vor mir. Jetzt sehe ich das Bild: „Der Wassertropfen ist sich seiner selbst gewahr, aber ist er sich auch gewahr, dass der Ozean auch durch ihn fließt?“ Und das hat mir sehr, ja, das hat in mir irgendwo etwas berührt, was die Illusion der Trennung aufgelöst hat. Also, in dem Moment, weil, es ist ähnlich der hübschen Kugel da oben. Ich kann die Kugel nehmen und sagen, jedes ist eine Facette meiner selbst und jede Facette meiner Selbst hat so und so und so viele unbegrenzte Aspekte und die Kugel ist das reine Bewusstsein, was viele, viele einzelne wahre Selbste beinhaltet, die sich selbst gewahr sind und der Verbindung des Ganzen. Also, des ganzen Bewusstseins. Das ist wie mit der Sonne, mit den Strahlen. Also da kann man viele Metaphern nehmen, egal, ob das jetzt Rumi ist oder die Kugel ist. In meiner Wahrnehmung ist es so, dass auch ich dich fühlen kann, oder jeden anderen auf einer tiefen Ebene, jenseits der Illusion der Trennung und von daher ist die Trennung nur oberflächlich. Also, wie das Wasser, wie der Wassertropfen.

Jetzt hier ist eine illusorische Trennung zwischen jedem Körper, und in meiner Welt sind wir auch nicht getrennt. Also, ich weiß nicht, kann man dem folgen?

TEILNEHMER 4: Ja.

TEILNEHMER 3: Also, so ist das in mir. Deshalb ist es sehr hilfreich, dass wir hier so viele sind und uns da eben wie quasi metaphorisch viele Wassertropfen gemeinsam verbinden. Um da gemeinsam zu leuchten, in dem, was wir sind, und das erklärt für mich auch in dieser Mail, ja, die Kumpels aus der Existenz. Quasi aus der gesamten Existenz. Weil, ob wer jetzt momentan nicht gerade den Körper hat, ist nicht wirklich getrennt. Also, ich kann oftmals fühlen, wer da im Raum ist und muss dann selber lächeln. Aber das ist schwierig mit Worten auszudrücken. Ich weiß nicht, wie ich es sagen soll.

JOACHIM: Mmh. Du hattest noch etwas?

TEILNEHMER 5: Ja, ich weiß nicht, ob das noch Inhalt dieser drei Tage ist, aber mich würde das ganze Luzide Träumen dieser 3D-Realität extrem interessieren.

JOACHIM: Ja, du bist gerade mittendrin, das ist dir klar, nicht? Vielleicht nicht ganz so luzide, wie du es gerne hättest.

TEILNEHMER 5: Richtig. Der Punkt ist bei „luzide".

JOACHIM: Ja, ja.

TEILNEHMER 5: Weil bei luzide, bei luziden Träumen heißt es, ich kann den Traum lenken.

JOACHIM: Der Punkt ist der, wir haben drei Tage, zweieinhalb Tage. Wir könnten ohne Ende Sachen machen und ich habe schon das Gefühl, das wird immer sehr, sehr komprimiert. Und ich habe vor, dahin zu gehen, aber es ist natürlich nie so in dem Sinne, dass man dann sagt: „Hey, ich habe jetzt den Kurs gemacht in dem und dem und jetzt ist das alles so da."

Was wir tatsächlich erreichen können, ist, ein Schlaglicht auf irgendetwas zu werfen, sich irgendetwas aus einem bestimmten Winkel wirklich bewusst zu machen, und dann muss man halt selbst da reingehen und es mit sich selbst aushandeln.

Und in dem Sinne war das heute Morgen zu verstehen. Ich wollte eigentlich noch mehr machen zum Emotionalkörper und dann reicht plötzlich die Zeit nicht, dann spürt man, man muss erstmal andere Dinge machen. Und mal eben den Emotionalkörper auflösen geht natürlich auch nicht. Schon gar nicht mal eben in einer Sitzung.

Aber nochmal das Augenmerk darauf legen, wie wichtig das ist. Und mit welch einfachen Mitteln man dem beikommt. Nicht, wenn man gerade in Rage ist und man sich mit anderen rumstreitet. Aber dann nachher oder vorher gegebenenfalls, wenn das eine ständige, nennen wir es Praxis, ist, sich da reinzubegeben und sich in der Gänze zu sehen und zu sagen: „Es ist schon okay. Alles ist gut.“ Dann lösen sich die Sachen einfach auf. Man muss sich einfach die Zeit geben.

TEILNEHMER 5: Also, Emotionalkörper nochmal, so ein, wie soll ich sagen, so ein Tool zum Emotionalkörper gehen lassen, wäre auch nicht schlecht.

JOACHIM: Ja, aber das Tool habe ich so gut beschrieben, wie es mir eben irgendwie einfällt. Mit dem reinen Bewusstsein, nenne es in Form eines Drachen oder was, im Zweifel dir gegenüber oder mit dir gemeinsam auf dich draufschauen und was immer kommt, ist okay. Wie der Schneekristall, der schmilzt einfach in der Sonne, und es ist der Sonne gerade egal.

TEILNEHMER 5: Nein, ich meine, es ist ja schön, dass wir das jetzt haben.

JOACHIM: Ja, in den Büchern steht es. Und da steht so einiges in den Büchern, das heißt nicht, dass es dann auch einen so anspringt.

TEILNEHMER 5: Das Ding bei den Büchern ist, dass man es beim Lesen der Bücher absolut perfekt findet, aber dass der Verstand es dann danach auch sehr schnell wieder ausblendet.

JOACHIM: So ist das. So ist das leider.

TEILNEHMER 5: Wenn man es hier, sozusagen, nochmal mehr reinholen und agieren kann, ist es einfacher zu halten.

JOACHIM: Genau. Das ist es ja auch eins der Anliegen, es hier zum Leben zu bringen, und es kann nicht den Anspruch haben, es abzuschließen. Dann könnten den Emotionalkörper auflösen, dann machen wir Raum und Zeit auf die Schnelle und dann machen wir nochmal von Sphäre zu Sphäre springen, dann sind wir durch. Zweieinhalb Tage, gut. Der Nächste, bitte.

Könnten wir eigentlich so machen. Hätte jemand was dagegen?

TEILNEHMER 5: Springen?

JOACHIM: Hat irgendjemand etwas dagegen, das alles zu machen? Also, an mir soll es nicht liegen.

TEILNEHMER 5: Ja, nein.

JOACHIM: Was jetzt? Werde dir klar, Mann.

TEILNEHMER 5: Ja, dafür.

JOACHIM: Ah. Dann lasst uns das doch machen. Wir müssen es doch nicht so rausziehen. Ich meine, pfft. Was soll das?

Dann lasst uns gleich anfangen damit.

TEILNEHMER 2: Also ich habe da vielleicht noch ein Anliegen, und zwar die Sache mit dem Lichtkörper. Das hatte ich ja schon angesprochen in den drei Stufen…

JOACHIM: Ja.

TEILNEHMER 2:... und da heißt es ja, dass die zweite Stufe ist die Intention, den Lichtkörper hereinzubringen.

JOACHIM: Ja.

TEILNEHMER 2: Jetzt ist das für mich erstmal ja nur ein...

JOACHIM: Pass auf, das kommt. Das kommt ganz sicher. Die ganze Lichtkörpergeschichte, die kommt. Danach können wir immer noch Fragen stellen, wenn ich gesagt habe, was ich dazu sagen kann.

So. Jetzt würde ich vorschlagen, dass wir uns mal ein bisschen bewegen. Von dem ewigen Rumsitzen hier, wird es ja auch nicht besser. Ich mache ein bisschen Musik an, die geht so sieben, acht Minuten.

Die fängt ruhig an, dann wird's ein bisschen wilder und wird dann wieder ruhig. Und wer mag, der mag sich schütteln oder sonst irgendetwas machen, sich in die Ecke verdrücken, das ist mir gerade Wurst, aber ich brauche ein bisschen Bewegung.

(Musik)

4. Raum

So, sind alle wieder da?

Ich habe gesagt, der Körper ist *das* Symbol der Trennung. Und wir haben hier keine Kosten und Mühen gescheut, für diese Veranstaltung einen Experten für den Körper zu bekommen.

Er wird gleich etwas zu sagen haben, danach machen wir dann weiter mit etwas Musik und dann begeben wir uns auf eine weitere Erkundung des Bewusstseins.

(Otto Waalkes – „Der menschliche Körper")

(Musik)

Ich bin Althar, der Kristall-Drache. Und es ist mir erneut eine große Freude, euch bei eurer Freude zuzuschauen.

Ihr müsst wissen, dass Humor eines der eigentümlichsten Dinge ist, die es in der gesamten Schöpfung gibt. Wenn es keine Trennung gibt, ist Humor etwas recht Schwieriges. Insofern kann man nicht sagen, dass nichts nur schlecht ist, genau wie nichts nur gut ist. Humor ist etwas Wundervolles. Er hat viel mit Freude zu tun und es gibt allen Grund, sich immer wieder humorvoll mit den Dingen zu beschäftigen, sie nicht zu ernst zu nehmen.

Und trotz allem Humor, den unser Freund oder den euer Freund Otto hier zelebriert hat, so hat er eine ganze Menge wahre Punkte angesprochen. So etwa stellt sich der Mensch vor, wie der

Körper funktioniert. Ein paar Organe, die miteinander im Funkverkehr sind, die sich ab und zu auch streiten, die nicht einer Meinung sind. Und genau das ist es, was passiert, wenn sich das menschliche Bewusstsein zu sehr in den Körper einmischt. Ein heilloses Durcheinander – mit völlig linearen Vorstellungen. Keiner weiß mehr, was er tut. Jeder glaubt, er wäre der König im Haus. Dabei gibt es im Haus Körper keinen König. Es ist ein Organismus, der auf Trennung basiert, aber trotz aller Trennung auf eine phänomenale Weise funktioniert, die weit über den linearen Verstand des Menschen hinausgeht.

Der Körper ist *das* Symbol der Trennung schlechthin. Stellt euch ein Dasein ohne physischen Körper vor. Stellt es euch vor. Egal was ihr tut, ihr werdet keinen Schmerz empfinden. Ihr werdet kaum Konsequenzen spüren. Vielleicht Ablehnung anderer, sowas kann man durchaus empfinden. Aber die Abwesenheit der Möglichkeit, physischen Schmerz zu empfinden, nicht das Gefühl zu haben, körperlich versehrt werden zu können, wenn man das nicht hat, dann ist Trennung etwas völlig anderes, etwas völlig anderes. Und deswegen ist der Körper buchstäblich *das* Symbol der Trennung schlechthin.

Den Menschen, den menschlichen Daseinsbereich zeichnen drei Dinge im Besonderen aus. Das – wie soll man es ausdrücken – der starke Glaube an Zeit oder die Besessenheit, die Besessenheit, an Zeit zu glauben, die Besessenheit, an Raum zu glauben und die Verschleierung mehr oder weniger des gesamten Spektrums des eigenen Seins.

Das sind die drei Kernelemente, die einen Menschen ausmachen. Er glaubt, in der Zeit zu sein, er hangelt sich entlang eines Fadens aus Zeit, entlang einer Zeitachse. Er glaubt, in einem Raum zu sein, sowohl körperlich als auch der Körper wiederum in einem Raum, also nicht nur eingesperrt in einen räumlich begrenzten Körper, sondern dieser Körper auch noch in einem Raum. Und die Verschleierung, die auf allen möglichen Ebenen die Erinnerung an das eigene wahre Selbst, die Erinnerung an den Normalzustand des reinen Bewusstseins verschleiert oder ganz aufhebt. Es ist nicht so, dass das reine Bewusstsein weg wäre, nein, es gibt einen Schleier. Einen Schleier der Trennung, der einfach verhindert, dass man es wahrnimmt. Das sind die drei Punkte.

Und mit diesen drei Punkten wollen wir uns in der verbleibenden Zeit noch ganz besonders beschäftigen: Raum, Zeit, Verschleierung.

Und um auf Christoph einzugehen, beim Thema Verschleierung kommen wir zum Lichtkörper. Aber Raum und Zeit sind genauso wichtig, genauso wichtig.

Und was wir vorhaben, das nenne ich Bewusstseins-Stretching. Oder wir können es auch Glaubenssätze-Stretching nennen. Wir haben heute Morgen schon damit angefangen und wir werden weitermachen, indem wir uns heute intensiv mit dem Raum beschäftigen und versuchen, über die festgelegten Vorstellungen, was Raum anbelangt, hinauszugehen.

Also, wir werden wieder ein wenig Musik spielen und unser Bewusstsein nutzen, um den Raum zu erkunden.

(Musik setzt ein)

Der Ausgangspunkt ist immer der physische Körper. Der physische Körper ist für euch die überwiegende Zeit das Zentrum eurer Wahrnehmung, das Zentrum eures Bewusstseins. Tatsächlich habt ihr kein Zentrum, aber das spielt keine Rolle, solange ihr glaubt, ein Mensch zu sein.

Auf natürliche Weise glaubt ihr, dieser Körper zu sein, ihr habt euch mit diesem Körper verbunden. Und da haben wir wieder ein Paradox. Ja, dieser Körper ist ein Traum, aber er kann auch ein Hilfsmittel sein. Eben haben wir gehört, was passiert, wenn all die verschiedenen Abteilungen des Körpers, die Organe, die Zellen machen, was sie wollen. Ein einziges Durcheinander. Also ist es gut, immer anzufangen, egal welche Art von innerer Übung man macht, indem mal erstmal Klarheit im Körper herstellt.

Klarheit im Körper heißt, eine klare Haltung einzunehmen, denn der Körper strahlt auf den Geist aus. Wenn die Körperhaltung klar ist, wird der Geist klar. Er kann gar nicht anders. Klare Haltung heißt fast immer den Rücken strecken. Wenn man den Rücken streckt, kann die Atmung fließen, kann sich der Bauch bewegen. Wenn man nach vorne gesackt ist oder die Schultern hängen lässt, ist die Atmung eingeschränkt und es wird viel schwieriger. Also nehmt eine aufrechte Haltung ein, wie ein König.

Das Nächste: Dieser Körper ist Ausdruck des Göttlichen. Das, was wir jetzt hier machen, das, was ihr alleine zuhause machen könnt, ist die höchste Praxis. Es ist das Höchste, was ein Mensch machen kann. Es gehört ein wenig Andacht dazu, die innere Einstellung, auch eine innere Freude – ja, jetzt öffne ich mich meinem wahren Selbst, dem reinen Gewahrsein. Alles andere ist jetzt absolut unwichtig. Das ist das Einzige, was für mich hier und jetzt Relevanz hat.

Es ist eine Schönheit darin, eine Einfachheit. Wenn man die Haltung der Klarheit eingenommen hat und man sich bewusst wird, was man hier eigentlich tut, nicht eine gymnastische Übung und nicht eine Entspannungsübung als Bonus nach einem anstrengenden Tag, sondern die Praxis des Erwachens, das Verkörpern des göttlichen Bewusstseins, dann kann man mit dieser Einstellung atmen.

Man kann den Atem durch den ganzen Körper schicken, kann den Körper fühlen, kann das Gewicht der Beine fühlen, wie sie auf den Boden drücken. Man kann spüren, wie das Gesäß auf den Stuhl drückt. Weil man einen geraden Rücken hat, braucht man praktisch keine Muskeln, keine Muskelanspannung, um die aufrechte Haltung beizubehalten.

Man vermeidet, den Kopf nach vorne hängen zu lassen. So ein Kopf wiegt um die zwölf Kilo. Wenn der einfach nach vorne baumelt, dann muss der irgendwie gehalten werden. Wenn man den Kopf gerade auf die Wirbelsäule setzt, dann ist er im Gleichgewicht und benötigt keine Muskelkraft. Auf eine ganz natürliche Art und Weise kann dieser Körper, der eben noch nicht wusste, wer oder was er eigentlich ist und was das alles überhaupt soll, wechseln in einen inneren Zustand der Andacht, der Erhabenheit, der Grazie, dem angemessen, was hier gerade passiert.

Jetzt spürt die Atmung. Spürt genau, wie die Atmung in eure Nase eintritt. Fühlt den Lufthauch an der Oberlippe, an den Nasenlöchern und an den Innenwänden der Nase. Fühlt, als ginge es um Leben und Tod. Nichts anderes ist wichtig. Spürt nur das.

Es ist faszinierend zu beobachten, dass wenn man Bewusstsein auf eine Körperpartie lenkt, dann erwacht diese Körperpartie plötzlich zum Leben. Es gibt nicht eine Stelle eures Körpers, in der sich nicht irgendwelche Spannungen eingegraben haben. Das gilt auch für die Oberlippe. Das gilt insbesondere für die Mundwinkel. Fühlt eure Oberlippe. Entspannt eure Mundwinkel, nehmt alle Spannung raus.

Der Gesichtsausdruck ist völlig verbunden mit dem Emotionalkörper, mit dem, was gerade in einem passiert. Aber es geht immer in beide Richtungen. Es geht immer alles in beide Richtungen. Die Emotionen beeinflussen den Körper, aber der

Körper kann auch die Emotionen beeinflussen. Und das kann man sich zunutze machen. Macht ein kleines Experiment: Hebt ein wenig die Mundwinkel, so als würdet ihr lächeln, und fühlt, was mit eurem Körper passiert.

Dann entspannt die Mundwinkel wieder. Jetzt lächelt nochmal ein wenig, lächelt zu euch selbst. Guckt, was durch das einfache Betätigen der paar Muskeln um die Mundwinkel herum mit eurer Stimmung passiert.

Jetzt kommt zurück zur Oberlippe.

Bewusstsein kann jede Größenordnung annehmen, kann sich auf jede Größenordnung fokussieren, kann auf jeder Größenordnung wahrnehmen.

Wir machen jetzt eine Reise in den Mikrokosmos. Wir fangen an bei der Oberlippe. Also richtet das gesamte Bewusstsein auf eure Oberlippe, fühlt die Luft der Atmung daran vorbeistreichen.

Ihr seid winzig klein gegenüber dem Körper, der da atmet. Und trotzdem seid ihr da und könnt die Atmung von dort aus beobachten.

Oberhalb der Oberlippe sind kleine Härchen, die bewegen sich im Wind.

Jetzt werdet immer kleiner. Dringt in eine Zelle ein. Senkt euer Bewusstsein einfach in eine Zelle.

Eine völlig andere Welt, eine faszinierende Welt.

Ein Mensch glaubt, er würde in 3D leben. Es stimmt in gewisser Weise, aber seine 3D-Ausdehnung geht nicht wirklich über seine Körperhöhe hinaus.

Eine Zelle ist wirklich 3D, alles schwebt hier. Jede Zelle ist wie eine eigene Stadt.

Nehmt diese Zelle in ihrer Gesamtheit wahr.

Jede Menge kleiner Organe sind hier, wie Fabriken. Irgendwie wissen sie alle, was sie zu tun haben. Kein Mensch weiß wirklich, wie das funktioniert. Hier gibt es Propellermoleküle. Moleküle, die hinten einen Propeller haben, um sich von links nach rechts, von oben nach unten zu bewegen. Sie tun es einfach so, sogar ganz ohne Feinstaub, sie bewegen sich einfach, sie transportieren andere Moleküle. Wie geht das?

Jede Zelle ist wie eine eigene Stadt.

Jetzt bewegt euch Richtung Zellkern. Im Zellkern sind die DNA-Moleküle, aufgewickelt, in sich verschlungen. Wenn ihr ein einziges DNA-Molekül in die Länge ziehen würdet, wäre das einen Meter achtzig lang. 1,80 Meter, jedes einzelne. Und ihr habt so viele davon, viele in jeder Zelle und ihr habt so viele Zellen. 10^{14} Zellen in einem menschlichen Körper. Das ist eine ganze Menge.

Schaut es euch an, dieses DNA-Molekül. Es ist wie eine Strickleiter, die in sich selbst verschlungen ist. Spürt die ganze Aktivität, die dort ständig vor sich geht, nicht nur auf physischer Ebene, auch auf nicht-physischer Ebene.

Gleitet ein wenig an dieser DNA entlang, wie in einer Spirale, so wie in einer Achterbahn, die sich um sich selbst dreht, die in sich selbst gewrungen ist.

Und dann bleibt stehen bei einem Atom. Ein Atom, Teil dieser gigantischen DNA und selbst winzig klein. Nur eins von vielen, dennoch irgendwie verbunden mit dem Rest, trotz Trennung verbunden mit dem Rest.

Was ist das, so ein Atom? Fühlt rein.

Außen ist so eine Art Wolke. Wissenschaftler nennen das Elektronen in ihrer Umlaufbahn. Man weiß nie genau, wo so ein Elektron ist. Es ist so schnell, darum ist es wie eine Wolke. Es könnte überall sein. Es ist überall gleichzeitig.

Fühlt da rein, was da passiert. Fühlt diesen Kreislauf.

Dann geht noch tiefer rein. Geht durch diese Wolkenschicht des Elektrons. Plötzlich ist da gar nichts. Irgendwo, ganz weit weg, ist der Atomkern. Ganz weit weg.

Und ihr könnt diesen ganzen Bereich mit Bewusstsein füllen.

Wenn ihr ein Reiskorn in ein Fußballstadion legt, auf den Anstoßkreis, und das den Atomkern nennt, dann kreisen die Elektronen entlang der äußeren Ränge des Stadions. So viel Platz ist da. Da ist fast nichts.

Also geht weiter rein. Werdet kleiner, lasst euch immer kleiner werden. Nehmt immer feiner wahr, geht bis auf die Ebene des Atomkerns. Setzt euch auf ihn drauf, wie der Baron von Münchhausen auf seiner Kanonenkugel.

Aber was ist der Atomkern? Werdet noch kleiner. Und noch kleiner. Quarks, Strings, einfach nur Kräfte, was darf es sein? Das Angebot hier ist groß. Die Wissenschaft ist sich nicht ganz einig. Aber egal, auf was sie sich einigt, die Frage wird kommen: Aus was besteht das, auf das man sich geeinigt hat? Wenn es einfach nur Kräfte sind, wo kommen sie denn her?

Hier im Innersten ist nichts fassbar. Das ist das Mysterium. Das ist es, wenn ich sage: „Die Details erschaffen sich selber." Der Körper braucht keine Details. Ein Traum braucht keine Details. Nur wenn ich im Traum eine Lupe auspacke, dann träume ich halt ein bisschen genauer. Und dann packe ich eine stärkere Lupe aus und dann fülle ich wieder mein Blickfeld mit irgendetwas.

Und wenn sich andere mit mir auf irgendetwas einigen, dann haben wir eine Überzeugung – und dann *ist* das auch so.

Die Details erschaffen sich selber. Trennung bringt immer mehr Trennung hervor, immer mehr. Trennung kennt nichts anderes. Der Verstand kennt nichts anderes. Das ist weder gut, noch ist es schlecht. Es ist einfach eine Eigenschaft der Trennung.

Wie stellt man sich so einen Atomkern vor? Wie stellt man sich einfach nur Kräfte vor, die aufeinander wirken und die dennoch so extrem sind, dass, wenn man sie löst, sie eine Atombombe bilden? Mit solch starken Kräften haben wir es hier zu tun.

Die Kräfte halten sich aneinander fest, und wenn sie auseinandergerissen werden, wird Energie frei. Energiemengen, die sich kein Mensch vorstellen kann, ausgehend von ein paar Atomen. Eine Handvoll Atome, sie lösen sich auf, sie lösen sich voneinander und eine ganze Stadt ist plötzlich weg. *Bumm!*

Bewusstsein hat sich bis auf diese Ebene eingelassen, ist Teil dieser Anziehung. Bewusstsein, das sich in Materie einlässt, hat ein riesiges Abenteuer erlebt, aber es hat sich auch an gigantische Magneten gekettet.

Dann, im Laufe der Zeit, mit der Gewohnheit, war man nicht mehr verschieden davon. Genau wie das Erz in dem Stein. Ich bin hier, ich war hier, hier ist alles wie immer. Und ich glaube, ich bin so, wie der Rest um mich herum. Das ist Bewusstsein, eingebettet in Materie, auf der untersten Ebene. Und von dort aus geht es weiter auf die höheren Ebenen.

Aber wenn ein erwachtes Bewusstsein buchstäblich zu Besuch in seinem eigenen Bewusstsein kommt, wenn ein Traum sich selbst besucht im Traum, da kann er dieses Bewusstsein ein wenig aufwecken, ein wenig anstupsen. Er sollte es nicht zu schnell machen, weil, es ist nicht gut, aus einem zu tiefen Traum herausgerissen zu werden. Da kann alles Mögliche passieren.

Aber es sanft schaukeln – „Hallo, hallo, wach auf. Das, was du glaubst zu sein, das bist du nicht wirklich. Das, was du glaubst zu sein, das bist du nicht wirklich.“ – das ist das, was alle Helfer von der anderen Seite auf jeder Ebene sagen, auf Ebene der Atome, auf Ebene der Biologie, auf Ebene des Kausalen: „Das, was du glaubst zu sein, das bist du nicht wirklich. Wach auf!“

Also, von diesem Atom, von diesem winzigen Atom aus, lasst uns jetzt den Weg rückwärts antreten. Irgendwo in der Oberlippe, irgendein Atom. Zieht das Bewusstsein wieder auf, zum Molekül, zum Zellkern, zur Zelle, zur Oberlippe, zum Gewahrsein des ganzen Körpers.

Und die Erfahrung, die ihr eben in diesem einem Atomkern gemacht habt, die könnt ihr ausstrahlen in den gesamten Körper. Der Körper versteht sowas. 10^{14} Zellen, die ständig miteinander kommunizieren. Etwas Schönes versteht der Körper. Etwas Schönes versteht das Bewusstsein. Es benötigt dafür keine Worte, es muss nicht überzeugt werden. Aber die Erinnerung breitet sich aus, das Bewusstsein erinnert sich an sich selbst.

Jetzt, mit der Atmung, im Rhythmus der Atmung, werdet klein und groß. Mit der Ausatmung werdet wieder klein, geht in die Oberlippe, in die Zelle, Molekül, Atom, Atomkern, abstrakte Kräfte. Mit der Einatmung werdet wieder groß, nehmt den ganzen Weg rückwärts.

Wenn das Bewusstsein den Weg einmal gemacht hat, kann es sehr schnell gehen. Es ist überhaupt nicht komisch. Es ist irgendwie völlig normal, ja was denn sonst? Natürlich ist hier überall Bewusstsein. Und hier sind physische Bausteine. Aber ich, Bewusstsein, *bin nicht* diese Bausteine.

Ich kann in der Zelle sein, im Atomkern, und gleichzeitig außerhalb davon. Und ich kann von beiden Seiten aus wahrnehmen. Ich kann von innen und von außen gleichzeitig wahrnehmen. Wo ist innen? Wo ist außen? Wo beginnt innen? Wo beginnt außen?

Und nochmal, werdet mit der Ausatmung klein. Wenn ihr es zulasst, könnt ihr alle Zellen gleichzeitig sehen, alle Atome gleichzeitig. Und es hat eine ganz eigene Schönheit. Plötzlich wird auch die Trennung schön, wenn man nicht mehr in der Trennung verhaftet ist. Ein Wirbel der Energien. Aus der Nähe betrachtet kann man sich keinen Reim darauf machen. Was passiert hier?

Dann, wenn man ein wenig rausgeht, sieht man das größere Bild. Aber jede Ebene hat ihre eigene Relevanz. Was weiß die Zelle von der Oberlippe oder von dem Körper? Was weiß die Milz vom Auge?

Ein letztes Mal klein werden. Jetzt geht in alle Atomkerne gleichzeitig. Fragt nicht, wie das geht, macht es einfach. Ohne Worte, sagt den Bewusstseinsanteilen, die da drinnen sind, hey, Zeit aufzuwachen, alles ist gut.

Dann werdet mit der Einatmung wieder größer. Und wir gehen in die andere Richtung, in den Makrokosmos. Heute Morgen haben wir dort schon einmal eine Stippvisite gemacht. Bis zur nächsten Sonne ist gar nichts. Das machen wir ruckzuck. Wir verlassen die Erde und sehen sie von der Sonne aus. Dann gehen wir weiter weg von der Erde, sehen immer mehr Lichtpunkte, immer mehr Sterne, immer mehr Planeten. So viele Planeten, so viele Sterne, so viel Platz dazwischen, so viel Platz dazwischen, so viel Raum dazwischen.

Wir gehen noch weiter weg von der Erde. Wir sehen die Milchstraße, da sind Milliarden von Sternen. Milliarden über Milliarden von Sternen allein in dieser Milchstraße. Wir sehen eine Spirale, einen Spiralnebel, die Milchstraße. Muster in jeder Größenordnung.

Wir gehen noch weiter weg. Selbst die Milchstraße wird zu einem Punkt – selbst die Milchstraße wird zu einem Punkt. Aber ist das wirklich so anders, als wenn man von einem Atom ausgeht zu seinem Körper?

Wir gehen noch weiter weg, noch weiter weg. Das, was wir eben noch als Sonnen wahrgenommen haben, sind jetzt alles Galaxien – Milliarden über Milliarden von Galaxien.

Die Details erzeugen sich, wenn man näher ran geht und selbst wenn man weiter weggeht, erzeugen sich die Details. Man ändert den Blickwinkel und die Details kommen ans Tageslicht.

Und jetzt sind wir mal ganz mutig, wir gehen aus diesem Universum heraus. Und wir sehen dieses gesamte Universum wie einen Luftballon, wie eine Sphäre. Es spielt keine Rolle, welche Form es hat. Aber alle Sonnensysteme, alle Galaxien sind da drin, alle Atome, der ganze Raum, den wir gerade hatten, der ist da drinnen.

Und wir gehen noch weiter weg und sehen plötzlich, oh, da gibt es noch viel mehr Universen. So viele Universen. Wo sind wir hier? Der Mensch kann sich das nicht vorstellen: „Wie kann ich jenseits des Universums sein? Ist da nicht der Raum, der uns beschränkt? Was ist eigentlich am Ende des Universums? Kommen wir ans Ende? Wo beginnt innen? Wo beginnt außen?"

Aber Bewusstsein hat damit überhaupt kein Problem. Je weiter wir weggehen, je mehr Universen sehen wir. Genau wie wir eben ohne Ende Zellen gesehen haben und Atomkerne, sehen wir jetzt Universen. Eine grandiose Schau.

Wir gehen wieder rückwärts. Gott sei Dank wissen wir noch, in welches Universum wir zurückgehen müssen. Wir tauchen ein und zoomen langsam wieder Richtung Erde und auf Körpergröße. Aber da bleiben wir nicht stehen, wir gehen weiter bis auf Atomgröße und darüber hinaus. Und mit der Einatmung wieder in die andere Richtung.

Bewusstsein ist grenzenlos. Es ist auch nicht begrenzt durch Zeit. Sprünge im Bewusstsein sind im Prinzip überhaupt kein Problem. Das einzige Problem ist der Mensch, der sich zurechtfinden muss, wenn sich plötzlich alles ändert.

Aber hier, jetzt, sind wir eine Gruppe von dreizehn Wesen. Uns passiert gar nichts, wir können es einfach zulassen und beobachten. Wir greifen nirgendwo ein. Außer, dass wir Bewusstsein auf allen Ebenen daran erinnern, hey, es ist alles gut. Es ist nur ein Traum.

Preisfrage: Wo findet das Ganze statt? Wo ist der Raum, in dem dieser Raum ist?

Bewusstsein ist ein Ozean aus Ozeanen. Schöpferische Fähigkeiten, die sich ein Mensch nicht ausmalen kann. Selbst die Trennung bringt Dinge hervor, die einen einfach nur sprachlos machen.

Aber wo findet das Ganze tatsächlich statt? Wo ist dieses Bewusstsein, dass sich dieses immensen Raumes gewahr wird?

Werdet groß, werdet klein. Und jetzt seid beides gleichzeitig, seid an beiden Enden des Spektrums. Es ist so interessant, dass das Große letztlich genauso aussieht wie das Kleine. Vielleicht dreht man sich immer nur im Kreis? Vielleicht sind die Galaxien nichts anderes als die Moleküle, als die Atome?

Der Glaube an Raum, der Glaube, im Raum definiert zu sein, der Glaube, körperlich auf Raum eingeschränkt zu sein, ist eine der Kernintentionen des menschlichen Daseinsbereiches.

Nicht alle Tiere haben das, aber der Mensch hat es. Ich, Mensch, bin in diesem Körper. Es ist eine Intention. Eine Intention, die sozusagen auf höchster Ebene des Bewusstseins gehalten wird.

Es ist eine Vereinbarung.

Ihr seid es. Ihr, in Form eures wahren Selbst oder des Teils des wahren Selbstes, der einer Inkarnation zugestimmt hat, der unterschrieben hat. Okay, Raum – ist akzeptiert.

Es ist sozusagen der ganz große Hebel. Es ist sehr weise, wenn man seinen Körper behalten möchte, mit diesem ganz großen Hebel durchaus vorsichtig umzugehen. Raum erschafft jeder für sich selbst. Hier und jetzt könnt ihr das spüren. Oh, die Menschen glauben, wir sitzen hier in einem gemeinsamen Raum, nur weil sie andere Menschen sehen. Aber ist das wirklich so?

Jedes Wesen lebt in seiner völlig persönlichen Realität. Jeder hat etwas anderes verstanden von dem, was ich gerade gesagt habe, hat es anders interpretiert, anders wahrgenommen, macht seine eigene Realität daraus. Nur weil wir zufällig glauben, in einem Raum zu sitzen, haben wir noch lange nicht die gleiche Realität.

Aber in einem sind wir uns alle gleich. In der Kernintention, dass es Raum gibt und ich mich dem in einem gewissen Sinne unterwerfe, wenn ich Mensch werden möchte. Daran rütteln wir nicht. Und wenn, dann ist man wahrscheinlich ein wenig verrückt.

Viele Dinge, die hier ausgesprochen werden, klingen wahrscheinlich völlig wie Science-Fiction. Aber es ist wichtig, dass sie ausgesprochen werden, und dass sie sich langsam, langsam im Bewusstsein ausbreiten, weil sie wahre Weisheiten sind. Sie befreien.

Bis zu einem gewissen Grad kann man es erfahren und tiefer erfahren und tiefer erfahren, bis zu dem Punkt, an dem man weiß: „Ich weiß, dass ich weiß!“ Oder genauer: „Ich weiß wieder, dass ich weiß. Ich weiß, dass ich immer schon gewusst habe! Aber um die Trennung zu verstehen, um aus der Polarität hinauszugehen, habe ich Raum akzeptiert, um Trennung tiefer zu erforschen. Und ich habe Zeit akzeptiert. Und ich habe Verschleierung akzeptiert.“

Jetzt kommt wieder zu eurer normalen Körpergröße, zu einem normalen Körperbewusstsein, zu den normalen Größenordnungen zurück.

Das, was hier passiert, ist wirklich tief. Es ist wirklich tief. Es sind keine Versprechungen, es ist kein „Wünsch dir was“, es ist kein „Abundance für Anfänger oder Fortgeschrittene“. Es geht um die letztendliche Befreiung. Es geht darum, die Dinge so zu sehen, wie sie wirklich sind. Das Auge der Soheit. Was könnte schöner sein? Was könnte mehr Freude bereiten?

Morgen werden wir uns um Zeit kümmern und um Verschleierung. So ist der Plan, aber Pläne sind dafür da, umgeschmissen zu werden. Macht langsam die Augen auf, gewöhnt euch wieder an die Umgebung. Nein, es war kein Traum. Es war alles andere als ein Traum.

Bleibt noch ein wenig sitzen, wenn ihr möchtet. Oder steht auf. Wie es euch beliebt. Wir sehen uns morgen wieder. Ich freue mich, euch morgen wiederzusehen, in beliebiger Größe.

Ich bin Althar, der Kristall-Drache.

5. Zeit

(Musik: „Zu Asche, zu Staub", von Psycho Nykoros)

Ich bin Althar, der Kristall-Drache. Und ich freue mich, euch heute Morgen hier wiederzusehen. Der eine oder die eine oder andere ein bisschen größer als gestern, ein bisschen ausgedehnter als gestern oder auch ein bisschen kleiner als gestern.

Gestern ist einiges passiert, aber ich kann euch versprechen, gestern war nur das Warmlaufen. Das Ganze hier heißt „Althar Intensiv" und heute wollen wir die Intensität noch ein wenig verstärken.

Heute werden wir uns mit dem Thema Zeit beschäftigen. Zeit. Zumindest heute Vormittag. Zeit ist eines der Kernmerkmale, die die menschliche Realität ausmachen. Raum, Zeit und Verschleierung. Und Zeit ist vielleicht einer der größten Schöpfungsakte innerhalb der Trennung.

Ja, es gibt Existenz in Trennung jenseits der Zeit. Für einen Menschen ist das sehr schwer vorstellbar. Aber mit dem Erschaffen der Zeit, mit dem Bewusstwerden von einzelnen Abläufen, konnte Bewusstsein – das Bewusstsein der Trennung – in sich *so* viele Einsichten gewinnen. Sich über so vieles klar werden, was sonst scheinbar parallel abläuft. Sachen wie Ursache-Wirkung machten plötzlich einen Sinn. Dank der Zeit.

Aber Zeit ist dann auch gleichzeitig mit das größte Gefängnis, zumindest wenn man so weit hinein geht, dass man sich in Raum und Zeit verliert, sich darin verirrt und sich darüber identifiziert. Zeit und Raum gemeinsam machen das Erfahren so real, dass es scheint, als wäre es die einzige Realität. Und aus dieser Realität wieder herauszutreten, scheint ein Ding der Unmöglichkeit zu sein.

Trennung erschafft Verschleierung, verschafft den Eindruck, als wäre Trennung die wahre Realität. Aber nichts könnte ferner davon sein. Nichts könnte von der wahren Realität ferner sein, als Trennung.

Trennung an sich ist ein Paradox. Sie kann nicht stattfinden. Es ist unmöglich. Es ist von vornherein ein Ding der Unmöglichkeit. Es ist ein, sagen wir, Gedankenexperiment innerhalb des reinen Bewusstseins. Ein Gedanke, der von vornherein absurd ist. Aber er ist möglich und deswegen wird er ausprobiert.

Wir haben heute Vormittag sehr viel vor. Und eigentlich passt das alles nicht in einen Vormittag hinein. Deswegen werden wir auf sehr vielen Ebenen gleichzeitig arbeiten. Auf sehr vielen Ebenen gleichzeitig.

Durch Jochen wird eine ganze Menge erzählt werden. Er wird einige Bilder bringen, Ideen bringen, Erfahrungen bringen. Aber auf anderen Ebenen wird sehr viel passieren, von dem ihr jetzt vielleicht noch gar nichts wahrnehmen werdet.

Und deswegen ist es gut, dass ihr die Audioaufnahmen haben werdet. Und es ist gut, dass es die Bücher gibt, weil es Sinn macht, sich das, was hier passiert, noch einmal anzuhören und noch einmal nachzulesen und noch einmal anzuhören und noch einmal nachzulesen, weil, jedes Mal wird es eine Ebene tiefer gehen. Eine Ebene tiefer sacken. Eine Ebene tiefer auflösen und Klarheit schaffen, so dass es am Ende immer einfacher wird und immer mehr Komplexität wegfällt.

Also versucht nicht notwendigerweise dem, was hier gesagt wird, mit dem Verstand zu folgen, sondern hört Jochen einfach zu. Lasst es wirken, lasst es eine Tiefenwirkung entfalten. Versucht vor allen Dingen nicht, dagegen zu argumentieren. Es geht nicht darum, die höchste Wahrheit zu verkünden, ganz im Gegenteil. Es geht darum, mit den richtigen Illusionen die Illusion der Trennung aufzulösen. Mit der richtigen illusionären Leiter aus der Illusion herauszuklettern, bis man feststellt, es gab keine Leiter und es gab noch nicht mal die Trennung an sich. Jedenfalls nicht in dem Sinne, wie der Mensch Trennung für real hält.

Wir fangen an mit einem Beispiel. Und Beispiele sind immer so eine heikle Sache. Kein Beispiel ist perfekt, viele hinken. Aber dieses Beispiel taugt für eine ganze Menge und deswegen nehmen wir es einfach mal.

Ihr alle kennt Schach. Man nehme 64 Felder, ordne sie im Quadrat, eine Handvoll Figuren, dazu ein paar Regeln und man hat das Spiel

Schach. Sieht sehr einfach aus, ist nicht weiter kompliziert. Ein Brett, Figuren, ein paar Regeln und das Spiel ist definiert. Wenn man anfängt, sich das genauer anzuschauen, dann kann man feststellen, dass einfach durch das Bestimmen der Spielregeln alle Partien definiert sind. Sofort und automatisch. Man könnte sie alle aufzählen, man könnte sie einfach alle aufzählen. Das Dumme ist nur, es sind so viele, dass es kein Wesen innerhalb der bekannten Zeit schaffen würde.

Wenn man das Schachspiel auf nur 40 Züge begrenzt, dann gibt es bereits geschlagene 10^{115} mögliche Partien. 10^{115}. Eine Million hat 6 Nullen, das ist 10^6. Eine Milliarde hat 9 Nullen. 10^9. Alle möglichen Schachpartien mit bis zu 40 Zügen – und es gibt Partien mit sehr viel mehr Zügen – aber bis zu 40 Zügen, hat 10^{115} Möglichkeiten. Das ist eine ganze Menge. Und jetzt kann man sagen: „Na gut, ist zwar eine ganze Menge, aber mit Größenordnungen kennen wir uns ja jetzt aus. Wir können groß werden, wir können klein werden."

Wenn man jetzt versuchen würde, diese Schachpartien aufzuschreiben, und sagt: „Na gut, seien wir großzügig. Vielleicht schaffen wir es ja, eine Schachpartie innerhalb eines Atoms zu repräsentieren. Dann bräuchten wir halt 10^{115} Atome, ist doch kein Problem." Aber nun sagen euch eure Physiker, dass euer bekanntes Universum nur etwa 10^{78} Atome hat. „Hmmh, auch kein Problem, Bewusstsein ist ja groß. Dann machen wir halt 10^{37} weitere Universen unserer

Größenordnung und schon können wir jede Schachpartie durch ein Atom repräsentieren."

Das ist interessant, das sind ziemlich viele. Und das Lustige ist, diese Schachpartien existieren. Sie müssen nicht aufgeschrieben werden und sie müssen nicht aufgezählt werden. Aber sie *könnten* aufgezählt werden. Einfach durch das Festlegen einer Handvoll Regeln, springen all diese Schachpartien in die Existenz, und zwar gleichzeitig. Gleichzeitig. Nicht nacheinander, sie entwickeln sich nicht, da gibt es keine Evolution in irgendeinem Sinne. Nein. Sie sind einfach sofort da.

Sie sind buchstäblich Potenziale. Sie sind implizit beschrieben durch die Regeln und jede einzelne Partie könnte erlebt werden. Jeder hat wahrscheinlich in seinem Leben wenigstens einmal Schach gespielt. Das war eine von diesen Partien. Und jetzt kann man sich darin verlieren. Man kann viele Partien Schach spielen und innerhalb eines Schachspiels ist das sehr interessant.

Wenn man sich in ein Schachspiel reinvertieft, sich mal in eine Figur hineinversetzt, und sagt: „Ich bin jetzt ein Bauer auf diesem Schachbrett. Ich kann mich in eine gewisse Richtung bewegen, die ist ziemlich klar definiert, immer nur ein Feld. Und meistens geradeaus, manchmal ein bisschen schräg."

Aber man kann sich da reindenken. „Ha, ich bin jetzt ein Bauer und ich bin Teil einer größeren Familie oder einer Armee", wie man es auch ausdrücken möchte „und wir sind jetzt gemeinsam eine Gruppe und wir erleben etwas, wir machen weiter, wir gehen in eine Richtung..."

Jede Partie hat eine Eigendynamik. Manche sind fürchterlich langweilig und ziehen sich dahin. Manche sind spannend. Bei manchen gewinnt weiß in einem Überfall und schwarz wird einfach vom Brett gefegt. Es gibt alle Arten von Partien und alle existieren bereits. Alle existieren bereits, aber welche werden erlebt? Welche werden von Spielern tatsächlich erlebt? Welche werden mit Emotionen aufgeladen, mit Gefühlen? Was passiert, wenn man mal eine Partie verloren hat? Ja ganz einfach, es gibt die nächste Partie und die nächste Partie und jede ist anders. Und die nächste Partie und die nächste. Es gibt andere Umstände außen rum, es fühlt sich anders an. Mal gucken welche zu, mal ist es eine Weltmeisterschaft, mal spielt man alleine. Aber es ist immer eine neue Schachpartie. 10^{115}. Aber am Ende gibt es immer nur: Schwarz gewinnt oder weiß gewinnt oder Remis. Aber schwarz gewinnt, heißt Revanche. Weiß gewinnt, heißt Revanche. Remis heißt, noch einmal. Es geht wieder von vorne los. 10^{115}. Stellt euch jede einzelne Schachpartie wie eine kleine Kugel vor. Alles ist voll von Kugeln. Welche soll erlebt werden?

Jetzt gehen wir ein paar Stufen zurück. Da ist Bewusstsein und wir haben nur eine einzige Regel – Trennung. *Bumm!* Alles ist plötzlich da.

Alles ist plötzlich da. Wir bräuchten 10^{37} Universen um allein diese Schachpartien aufzuzeichnen. Eine pro Atom. Mit Trennung ist es nichts anderes. Es spielt keine Rolle, ob es ein paar Universen mehr oder weniger sind. Alles ist sofort da. Fühlt euch da rein.

Einfach durch die Idee der Trennung – die eine Regel „Trennung“ – springt die Polarität in die Existenz. Trennung kennt nur Trennung. Trennung erschafft immer neue Trennung, wie ein Messer immer nur schneidet. Es kann immer nur kleiner schneiden und noch kleiner und noch kleiner. Es kann sich nicht selber schneiden, aber alles andere kann es kleiner schneiden. Trennung erschafft immer mehr Trennung, wie man es auch dreht und wendet. Und wenn man innerhalb der Trennung ist, da gibt es einen Antrieb: Genug ist nicht genug.

Was auch immer getrennt ist, hat den Wunsch mehr zu werden. Das, was abgetrennt ist von ihm, in sich aufzunehmen, und dadurch wird die Trennung verstärkt. Genug ist nicht genug. Die Trennung wird nicht weniger, nicht einen Deut, egal, wie sehr ich glaube, dass ich wachse. Aber sie wird verstärkt, die Trennung. Und genug ist nie genug. Es gibt kein „satt“ innerhalb der Trennung. Für eine kurze Zeit vielleicht, aber nicht dauerhaft. Und Trennung hat nur einen einzigen Geschmack, den Geschmack der Wiederholung. Wie viele Schachpartien kann man spielen, bis man das Gefühl hat, immer das Gleiche zu machen?

Vielleicht muss man alle 10^{115} durchspielen, weil man glaubt, bei der nächsten könnte noch irgendwas anderes passieren. Aber die Regeln sind festgelegt, es gibt keinen Ausweg. Wenn ich Schach spiele, mich im Regelwerk des Schachs bewege, dann komme ich da nicht raus. Und wenn ich einmal glaube, eine Schachfigur zu sein, dann bleibe ich eine Schachfigur. Ich muss dann ganz komplett und fundamental die Ebene wechseln. Ich kann mich durch Schach spielen nicht aus dem Schachspielen befreien. Es ist unmöglich.

Wenn ich in Trennung bin, kann ich nicht, indem ich mich in der Trennung bewege, ans Ende der Trennung kommen. Ich komme immer irgendwo hin. Und wenn ich ans Ende des Raumes komme, dann gibt es neuen Raum dahinter, wie durch Zufall, denn das ist das Wesen der Trennung. Ich erschaffe es, während ich gehe, aber ich erschaffe im Wesentlichen nie etwas Neues.

Ich benutze gerne den Begriff einer Sphäre. Eine Kugel, eine Sphäre. Und wenn man das jetzt auf den menschlichen Daseinsbereich überträgt, dann kann man sagen, eine Jetzt-Sphäre, eine ganz persönliche Jetzt-Sphäre, ist ein gegebener Augenblick. Ein gegebener Augenblick inklusive aller Sinneseindrücke, aller Interpretationen, die man diesen Eindrücken anhaftet, plus allen Emotionen und allen Gefühlen und alles, was dranhängt eingeschlossen, repräsentiert durch eine Sphäre. Durch eine Sphäre.

Könnt ihr euch das vorstellen? Eine Sphäre. Und es ist eure *persönliche* Sphäre.

Wir haben genügend Platz im Universum, wir können uns genügend Atome erschaffen, wenn wir die Sphären dadurch repräsentieren wollten. Oder wir können sie einfach so entstehen lassen, aus dem Nichts heraus, und sie brauchen weder Platz noch Raum noch Materie. Eine Sphäre repräsentiert einen Augenblick.

Und jetzt geht man von einer Sphäre zur nächsten Sphäre. Aber was bestimmt die nächste Sphäre?

Im Schach haben wir unsere Regeln. Man kann auf eine bestimmte Art und Weise ziehen und man kann ein bisschen variieren und ohne Ende passieren Dinge. Ganz verschiedene Partien entwickeln sich. Genauso mit diesen Jetzt-Sphären. Theoretisch sind wir hier viel freier. Wir könnten hingehen, wo wir wollen. Aber empirisch ist der nächste Augenblick, den man erlebt, nicht wirklich verschieden von dem vorigen Augenblick. Er ist minimal verschieden. Das hängt mit mehreren Dingen zusammen.

Erstens, es gibt es so viele Sphären nahe beieinander, weil Zeit in sehr, sehr kleinen Einheiten abläuft. Aber viel entscheidender ist, dass das, was uns bewegt, das, was uns antreibt, die Ängste und die Wünsche, sich nicht mal eben ändern. Die Wünsche, die wir jetzt haben, ändern sich nicht spontan. Wo sollten die plötzlich hingehen? Das heißt, die nächste Sphäre, in die ich hineingetrieben werde, ist fast genauso wie die Jetzige.

Und wenn ich glaube, ein Körper innerhalb dieser Sphäre zu sein, dann wird der Körper in der nächsten Jetzt-Sphäre fast das gleiche wahrnehmen und sehen und tun wie auch in der vorherigen.

Das gilt für die Nano-Ebene, für die kleinstmögliche Zeitebene, die man sich vorstellen kann. Und im menschlichen Bewusstsein geht das von Sekunde zu Sekunde. Ihr sitzt jetzt noch hier und höchstwahrscheinlich werdet ihr gleich auch noch hier sitzen. Ihr müsstet das aber nicht, überhaupt nicht. Wir könnten auch eben noch in die Sonne eintreten. Ihr könntet hier komplett verschwinden, weil es *euer* Universum ist. Es ist *eure* Jetzt-Sphäre. Fühlt da kurz rein, was das heißt.

Der nächste erlebte Augenblick, der nächste erlebte Augenblick unterscheidet sich nur minimal vom gegenwärtigen Augenblick. Nicht weil er es müsste, sondern weil es eure Antriebe aus euch so hervorbringen.

Das ist der einzige Grund, warum so etwas wie Langeweile existiert. Das ist der einzige Grund, warum so etwas wie Zukunft überhaupt existiert, weil das Gestern in die Zukunft projiziert wird. Und man bahnt sich eine Schneise durch diese Sphären, die alle schon existieren, die alle schon da sind, die man nur zum Leben erweckt, indem man sich quasi reinprojiziert und sie erlebt. Augenblick für Augenblick.

Und man hat eine Vorstellung, was das Leben so bringt und folgt diesen Antrieben, und na guck mal, genau das wird kommen. Das ist ja überraschend! Was passiert, wenn man auf der tiefsten Ebene seine Antriebe ändert? Was passiert, wenn man plötzlich frei wäre überall abzubiegen? Nicht die immer nächste Sphäre zu nehmen, die gerade nahe liegt, sondern einfach irgendein beliebiges Muster fallen lässt? Sofort ändert sich der Kurs. Jedes kleinste Loslassen ändert den Kurs.

Seht diese Sphären vor euch. Die Vielzahl der Sphären. Ihr seht diese wunderschöne Installation auf dem Boden. Viele Sphären aneinandergelegt als Repräsentation für die 10 hoch weiß der Herrgott wie viele Sphären der Trennung. Es gibt keine Vorschrift, wo man lang gehen muss. Geht man geradeaus? Geht man links? Geht man rechts? In irgendeiner Sphäre ist vielleicht die Erfüllung eures größten Wunsches. Dann könnt ihr dahin gehen. Entweder schnell oder langsam, den direkten Weg oder reinspringen.

Aber wenn ihr genau hinschaut, ist diese Sphäre, die der Erfüllung eures größten Wunsches entspricht, immer noch eine Sphäre wie jede andere. Sie ist halt einfach zufällig das, was ihr gerade möchtet, aber sie ist immer noch in diesem Wirrwarr aus Sphären der Trennung.

Ihr könnt Schach spielen, solange ihr wollt, ihr werdet nie ans Ende des Schachspiels kommen. Das nächste Schachspiel fängt gleich danach an. Sphäre auf Sphäre auf Sphäre.

Und das ist das Wesen des Suchers. Der Sucher glaubt, irgendwo gibt es die eine Sphäre, in der alles richtig ist. Wo keine Fragen mehr sind. Und da möchte er hingehen. *Und er wird sie nicht finden,* weil egal wo er gerade ist, solange er innerhalb einer Sphäre ist, wird es Fragen geben, gibt es Antriebe.

Aber wie durch Zufall sitzen wir hier gerade in einem Kreis und schauen *auf* diese Sphären. Wenn ihr die Augen aufhabt, aber ihr müsst sie nicht aufmachen, seht ihr dieses wunderbare Kunstwerk aus Kugeln vor euch liegen. Es ist da und ihr seid *außerhalb* dieser Sphären. Und das ist kein Zufall. Ihr könnt *außerhalb* der Sphären sein und ihr könnt *innerhalb* der Sphären sein. Das ist die Idee des Inkarnierens, des in die physische Realität Gehens.

Wenn man reingeht und es von innen erlebt, wird es fürchterlich real. Man kann viel erleben.

Man kann die Abfolgen erleben, man kann Beziehungen erleben oder man kann außen sein und kann einfach nur beobachten. Drachen beobachten das ganze Spiel. Und Drachen beobachten alle Sphären gleichzeitig.

Der Mensch taucht ein, er möchte es von innen erleben. Und das ist nichts Schlechtes. Es ist eine Erfahrung wert, wie ihr alle wisst. Aber sie ist so verlockend, sie ist so real, dass sie es schafft vorzutäuschen, realer zu sein als die wahre Wirklichkeit.

Und irgendwann ist da die Frage: „Ja, wie komme ich hier jetzt wieder raus?"

Ich bin in diesen Sphären. Wenn ich irgendetwas tue, komme ich immer nur zur nächsten Sphäre. Genau die Sphäre, die dem entspricht, was meine Antriebe vorgeben. In der Sphäre da drüben bin ich vielleicht ein wenig entspannter, schön. Ich kann innerhalb der Polarität alles mögliche erreichen. Ich kann alle Kniffe lernen, ich kann alle Techniken lernen, ich kann lernen, mit Menschen umzugehen, was auch immer. Ich kann immer versuchen, irgendwie *besser* zu werden oder damit *zurechtzukommen* oder mich in *Balance* zu begeben. Das ist alles wunderbar. Das sind alles schöne, wichtige Erfahrungen innerhalb der Polarität, innerhalb der Welt der Sphären. *Aber keine Erfahrung bringt euch jemals ans Ende dieser Sphären.*

Und sie sind schon da, ihr habt keine Einzige erschaffen, keine Einzige. Sie sind schon da. Aber wenn man von einer Sphäre in die nächste geht, vielleicht eine, die man noch gar nicht vorher besucht hat oder die keine Ähnlichkeit mit einer zuvor erlebten hat, dann scheint sie neu zu sein. Dann erscheint es so, als wäre man der Schöpfer seiner Realität. Und in begrenztem Sinne kann man sogar sagen : „Ja, das stimmt!“ Von innerhalb dieser Sphären aus betrachtet stehe ich irgendwo in einer Sphäre und ich gehe woanders hin, in eine neue Sphäre, und zwar in eine, die mir gefällt. Da kann man schon behaupten, ich habe meine Realität erschaffen.

Aber nichts könnte falscher sein, nichts könnte falscher sein. Man erlebt die Sphären, die schon da sind, gemäß seinen Wünschen und gemäß seiner Abneigungen. Das ist nicht gut, das ist nicht schlecht, das ist einfach so.

Früher oder später kommt dann der Zeitpunkt, wo man sagt: „Ne, ne. Ich habe jetzt 10^{10} Schachpartien gespielt und 10^{10} Leben gelebt und was nicht alles. Und ich stelle fest, am Ende gibt es immer nur weiß oder schwarz. Und dann geht es von vorne los.“ Das ist das Wesen der Polarität.

Und dann gibt es, na ja, die großen Fragezeichen. Was tun? Wie rauskommen?

Einfach so. Es gibt keine besondere Sphäre, aus der man rauskommen kann. Jede Sphäre ist gleich gut zum Rauskommen, zumindest mal im Prinzip. Einfach deswegen, weil eine Jetzt-Sphäre oder ein Schwung, den man sich mal gegeben hat, jederzeit verlassen werden kann.

Aber wenn der Schwung zu stark ist, wenn man mit diesen Abläufen identifiziert ist, dann ist es durchaus schwierig, diesen Schwung zu bremsen. Und auch daran ist nichts Schlechtes oder Verwerfliches. Es ist einfach eine Gegebenheit, wenn man sich in der Trennung aufhält. Und es kann durchaus sein, dass das Abbremsen eines solchen Schwunges mal eine Handvoll Leben dauert. Es dauert, bis sich gewisse Antriebe einfach mal abgenutzt haben.

Ja, man könnte augenblicklich alles loslassen. Empirisch passiert das halt nicht allzu häufig. Aber möglich ist es! Deswegen ist es jederzeit möglich, vollständig anhaltend zu erwachen und diese Welt der Sphären zu verlassen. Einfach so, ohne Voraussetzung, ohne Erklärungen. Es ist möglich zu erkennen, ah, in Wirklichkeit bin ich ja nicht der Bauer auf dem Schachbrett oder eine ganze Schachpartie in Summe. Nein, nein. Ich bin der Typ, der die Bauern setzt. Ich bin der Typ, der die Regeln gemacht hat. Ich bin der Typ, der die *eine* Regel gemacht hat, die eine Regel, die absurde Regel – Trennung.

Und wenn man einmal draußen ist, dann fasst man sich an den nicht vorhandenen Kopf und fragt sich: „Wie kann man denn an sowas wie Trennung geglaubt haben?“ Aber wenn man drinnen steckt, mittendrin steckt, da ist die Frage nicht: „Wie kann man sowas geglaubt haben?“, sondern: „Wie komme ich hier raus?“

Und es ist ja nicht so, dass das jetzt zum ersten Mal erzählt würde. Das sind Weisheiten und Einsichten, die sind nicht neu, egal wie man sie ausdrückt. Sie sind in der Menschheitsgeschichte nicht neu. Sie sind überall verfügbar. Aber wie unser Freund von der nicht-dualen Fraktion weiß, selbst die Nicht-Dualer, die von der Einheit reden, haben mehr als eine Schule. Ja, wie kann denn *sowas* sein?

Man könnte meinen, dass wenn man über die Nicht-Trennung spricht, dann gibt es auch nur eine Schule. Man kann doch zur Einheit keine *zwei* Meinungen haben! Ich meine, wie geht denn *das*? Aber ihnen ist nichts vorzuwerfen. Sie versuchen einfach, innerhalb der Trennung das auszudrücken, was sie erfahren. Da haben sie verschiedene Vorlieben und natürlich noch wie jeder Mensch, der hier rumläuft, verschiedene Anhaftungen, Befürchtungen und Wünsche. Das ist einfach so. Und deswegen macht es auch nicht wirklich viel Sinn, haarspalterisch über solche Ausführungen zu reden.

Das Einzige, was Sinn macht, ist, es selbst zu erleben. Es selbst zu erleben.

Und dazu gehören zwei Dinge. Einmal die intellektuelle Akzeptanz dessen, was ich gerade gesagt habe, weil, ohne die ist es schwierig. Ihr seid schon ein paar Tage hier, und auch schon ein paar Leben hier. Ja, theoretisch könnte man einfach so rausgehen. Intellekt ist dafür nicht nötig, aber wer immer mal angefangen hat, ein bisschen darüber nachzudenken, hat sich irgendwo Ideen gebastelt und sich irgendwie Krücken gebaut. Dann ist es nötig, so etwas dann auch mal intellektuell zu verstehen. Und dann, irgendwann wird es real, wird es erlebt.

Das Nächste ist, wirklich in der Tiefe ehrlich mit sich zu sein. Und sich wirklich zu fragen: „Möchte ich eigentlich wirklich aus dieser Polarität heraus? Möchte ich aus der Welt der Sphären heraus? Oder möchte ich noch ein bisschen weiter machen, innerhalb der Sphären?“ Und nichts wäre dagegen zu sagen.

Wenn ich es noch längere Zeit von innen heraus erleben möchte, weil ich es so real wie möglich haben möchte, weil ich noch Wünsche habe, die ich unbedingt von innerhalb der Trennung erleben möchte, dann gibt es keinen Grund, das nicht zu tun. Es gibt keinen Grund, da im Zwiespalt zu sein. Und die einzige Empfehlung, die ich habe, ist: Dann macht es! Dann macht es so intensiv, wie ihr könnt. Geht dem nach. Und zwar immer wieder. Und zwar immer wieder. Spielt solange Schach, wie es euch wirklich Spaß macht.

Und irgendwann kommt der Punkt, wo nicht die Trennung sagt, sondern wo das wahre Bewusstsein sagt und ihr selbst sagt: „Genug ist genug.“ Aus „Genug ist nicht genug“ wird plötzlich „Genug ist genug“. Nicht, weil ich genug habe, nicht, weil ich genug angehäuft habe, sondern weil ich die Wiederholung sehe. Weil ich sehe, dass eigentlich im Fernsehen immer der gleiche Film läuft, immer der gleiche Plot. Die Schauspieler ändern sich, das Zeitalter ändert sich, die Moden ändern sich. Aber es geht immer um: „Werde ich sie kriegen oder wird der Schauspieler sie kriegen oder nicht? Gewinnt gut oder gewinnt schlecht?“ Und dann geht es von vorne los, ach Überraschung. Und es ist immer wieder faszinierend.

Aber irgendwann, irgendwann kommt der Punkt – „Ja, genug ist genug!“ – und zwar *wirklich* genug. Diesen Punkt zu forcieren macht keinen Sinn. Wenn da ehrliche Wünsche sind, gibt es keinen Grund, sie zu unterdrücken, weil sie sich nicht unterdrücken lassen. Das ist genau das Paradox. Sobald ich anfange, irgendetwas zu unterdrücken, dann habe ich einen Antrieb in mir, in meiner aktuellen Jetzt-Sphäre. Und der treibt mich in die nächste Sphäre. Und es gibt innerhalb der Polarität kein negatives Tun. Das gibt es nicht.

Der Wunsch, *nicht* zu tun, ist absolut gleichwertig wie der Wunsch zu tun, da ist kein Unterschied. Das Einzige, was hilft, ist die Dinge zu sehen, wie sie wirklich sind.

Das ist Weisheit. Die eigentlich einzige Weisheit, die darüber hinausführt.

Wenn ich glaube, ich muss zur Ruhe kommen und ich etwas von innen spüre und es einfach tue, dann ist es durchaus hilfreich. Sobald es benutzt wird, um sich wieder ein neues Gefängnis zu machen, ein Regelwerk, einen Zeitablauf, in der Hoffnung: „Na, wenn ich das lange genug mache, dann werde ich morgen, übermorgen, in zwei Jahren, in 20 Jahren soweit sein, dass irgendetwas passiert.“ Und schon ist man wieder in der Spur der Zeit. Man wird wunderbare Erfahrungen haben, wunderbar. Aber es ist eben nicht wirklich hilfreich.

Unterdrücken hilft nicht. Loslassen hilft. Das, was auch immer hochkommt akzeptieren, hilft.

Eine Regel, die besagt, dass irgendwas nicht hochkommen darf, und sei es ein Wunsch, hilft nicht. Stattdessen zurückzutreten in dem Moment, wo es hochkommt und zu sehen: „Aha, ich *muss* dem jetzt nicht nachgehen. Ich habe die Freiheit es loszulassen. Ich habe die Freiheit es loszulassen.“ Das befreit im Augenblick. Das nimmt den Antrieb. Nicht unterdrücken, sondern einfach beobachten. Sich gewahr werden, da ist ein Antrieb. Und je gewahrer man sich wird, desto mehr Antriebe wird man feststellen.

Zuerst die ganz großen: Massenbewusstsein, die eigene Erziehung, Sozialisierung, Glaubenssätze welcher Art auch immer. Und später erkennt man immer subtilere Antriebe, immer subtilere, bis runter auf die biologische Ebene. Die Zellen wollen auch überleben, auf ihre Art. Bewusstsein ist auch in diesen Zellen drin, und die kommunizieren ständig. Dieser Körper ist in ständiger Kommunikation, damit er innerhalb der Trennung seine Struktur aufrecht erhält. Es ist ein beständiges Gequatsche. Die Zellen wollen weitermachen. Das ist die Natur der Biologie. Dort gibt es keine philosophischen Fragestellungen, da geht es um weitermachen. Das beeinflusst.

Wenn man das sieht, kann man es loslassen, man kann es lösen. Aber man kann es nicht unterdrücken. Das ist etwas sehr Schwieriges, weil der Mensch dazu neigt, auf eine derartige Fragestellung zu reagieren, indem er etwas *tut*. Aber hier hilft tun nicht. Loslassen hilft. Und beobachten hilft. Und beides ist ein Nicht-Tun. Beides ist ein Nicht-Tun.

Spürt nochmal rein in diesen Ozean aus Sphären.

Es ist eine Sicht auf die Zeit. Sphäre an Sphäre an Sphäre. Und wenn sie schnell in einer bestimmten Reihenfolge ablaufen, entwickelt ein Individuum, das sich da hineinprojiziert hat, das Gefühl eines Ablaufs von Zeit.

Seht ihr, innerhalb der Sphären gibt es noch nicht einmal Energie. Eine Sphäre ist statisch. Nur durch die Bewegung von Sphäre zu Sphäre, durch das ständige Projizieren in die immer nächste Sphäre gemäß der eigenen Antriebe, ordnen sich die Dinge in der Umwelt ein wenig neu. Man kann es beschreiben in Form von physikalischer Gesetzgebung, wunderbar, das passt dann ganz gut. Aber in Wirklichkeit bewegt sich da gar nichts. Es ist alles schon da. Es ist nur eine Frage der Sicht.

Zeit ist also etwas, das es eigentlich so gar nicht gibt.

Eine letzte Anmerkung aus dieser Perspektive. Eure Physiker sind inzwischen so weit, dass sie wissen, es gibt eine wirkliche Grenze der Erkenntnis. Eine Grenze der Erkenntnis. Es gibt kleinste Wirkungseinheiten, die Planck'schen Wirkungsquanten. Die beschränken die kleinsten Energieaustausche, die es geben kann. Es gibt entweder einen Austausch oder es gibt keinen. Sie sind sehr klein, aber sind da. Und sie sind akzeptiert von der Wissenschaft, weil sie empirisch nachprüfbar sind. Das heißt nicht, dass es wahr sein muss, aber es ist für unser Beispiel hier wahr genug. [Und nichts jenseits dieser kleinsten Energieaustausche kann empirisch bewiesen werden. Darum ist es eine Grenze der wissenschaftlichen Erkenntnis.]

Und das Gleiche gilt für die Zeit. Es gibt kleinste Sprünge innerhalb der Zeit. Ja, die sind winzig. Das hat mit Sekunden nichts mehr zu tun, aber die Größenordnung spielt keine Rolle. Das Entscheidende ist, im Prinzip ist es dann doch so, wie auf dem Schachbrett. Der Bauer kann nur ein ganzes Feld vor – kein halbes, kein Viertel, kein Achtel, kein Zehntausendstel – nein, nein, er geht ein ganzes Feld vor.

Und tatsächlich ist es auf den kleinsten Ebenen auch so. Diese Sphären existieren. Es gibt immer kleine Sprünge. Sprung, Sprung, Sprung. Und wenn man ein bisschen weiter weggeht, sieht das fließend aus, kontinuierlich. Auch Physiker sagen, nee, das ist nicht kontinuierlich. Das ist diskret. Das sind immer kleine Sprünge, wie bei einem Daumenkino, nur auf ganz kleiner Ebene. Wir haben gesehen, wir brauchen keinen Platz, um unsere Sphären irgendwo unterzubringen. Sie sind einfach da.

So, diese Sicht der Dinge ist für den Verstand. Sie beruhigt den Verstand vielleicht ein wenig. Er kann sich ein Bild von dem machen, was passiert und kann sagen: „Okay, damit komme ich zurecht, verstehe ich."

Der andere Teil der Dinge ist die empirische Wahrnehmung von Zeit. Und da möchten wir jetzt nochmal reingehen. Dazu machen wir ein wenig Musik.

(Musik)

Zeit und Rhythmus. Hört ihr den Rhythmus? Er beschreibt die Zeit. Er zerlegt das Sein in viele Einzelteile, in Takte. Er ist wie das Herz, das schlägt.

In der Trennung hat alles Rhythmus. In der Trennung gibt es keinen Stillstand... so scheint es. Stillstand wird das Thema der nächsten Sitzung sein, die wir machen werden. Aber wenn man innerhalb einer Sphäre ist, spürt man diesen Rhythmus. Das Herz schlägt und man geht weiter und weiter und weiter. Von Sphäre zu Sphäre.

Ich benutze gerne den Begriff „ein Faden aus Zeit". Und ein Faden aus Zeit ist einfach eine Aneinanderreihung von einigen dieser Sphären, die ein Wesen durchlebt. Typischerweise ist jede Sphäre sehr ähnlich der Sphäre, die vor dieser Sphäre auf dem Faden der Zeit liegt. Sehr wenig Änderung von Sphäre zu Sphäre. Euer Leben ist ein Faden aus Zeit. Viele Sphären. Sphäre auf Sphäre auf Sphäre. Jede Sphäre sehr ähnlich der vorigen.

Seht sie vor euch, eure Sphären, euren Faden aus Zeit in diesem Leben. Er beginnt irgendwo und er endet genau jetzt, da wo ihr jetzt gerade seid. In diesem Augenblick. Steigt ein bisschen in die Höhe und schaut euch diesen Faden von außen an.

Das ist euer Leben. Das ist das, was ihr eure Geschichte nennt.

Es spielt keine Rolle, wie viele Sphären ihr euch vorstellt, nur ein paar, die wesentlichen Momente eures Lebens oder jeden einzelnen Ablauf, den ihr jemals gemacht habt. Eine Tasse Kaffee zum Mund führen. Das ist das, was ihr euer Leben nennt. Jeder Augenblick ist intensiv, er fühlt sich so echt an.

Aber von außerhalb betrachtet, wenn die Sphären vor einem liegen, aufgereiht wie eine Perlenkette, gibt das gleich einen ganz anderen Geschmack.

Jetzt lasst uns diesen Rhythmus nutzten. Den Rhythmus der Zeit. Den Rhythmus der Trommel. Gleitet mit der Einatmung diesen Faden aus Zeit von eurer Geburt entlang, im Zeitraffer, bis zum jetzigen Augenblick.

Fangt vorne an. Und mit der Einatmung werdet genauso alt, wie ihr jetzt seid. Genauso alt, wie ihr jetzt zu sein glaubt.

Im Zeitraffer. Ihr werdet geboren, wachst auf, geht zur Schule, erste Liebe, erste Trennung, nochmal eine Liebe, nochmal eine Trennung, die ersten Kinder, Kinder sind nett, Kinder sind nicht nett, ihr werdet älter oder auch nicht und plötzlich seid ihr hier. Oh, na sowas.

Und wieder von vorne. Mit der Einatmung, einmal von Anfang an bis jetzt.

Und mit der Ausatmung stellt euch eine Fortsetzung vor, eine beliebige Fortsetzung. Die klassische Variante, ihr werdet älter, ihr werdet ein bisschen weiser, ein bisschen mehr Einsicht, aber irgendwann hat es nicht ganz gereicht in diesem Leben, ihr bleibt doch hier in den Sphären. Der Körper stirbt, er wird verbrannt, ins Meer gestreut, in der Erde verbuddelt, irgendwas. Und dann geht es von vorne los, irgendwo wieder von vorne los.

Also, mit der Einatmung, Geburt, ihr werdet alt, ihr kommt zum Jetzt, und dann wählt eine beliebige Fortsetzung.

Jede Einatmung ist eine Neugeburt, jede Ausatmung ein Sterben.

Von innen heraus betrachtet ist das komisch. Ihr kennt die Zeitrafferfilme, wie eine Pflanze wächst. Eben noch ein Spross, plötzlich groß, eine Blüte, Blüte vergeht, Pflanze weg, von vorne. Macht das mit euch.

Von dieser Perspektive aus betrachtet ist ein einzelnes Leben nicht so wichtig. Eine einzelne

Inkarnation ist nicht so wichtig. Ein Faden aus Zeit, einer von vielen. Eine Schachpartie, eine von vielen.

Und jetzt schaut genau hin. Guckt auf die erste Sphäre. Ist das wirklich der Anfang? Ist das die Geburt? Oder ist das einfach nur eine ganz normale Sphäre, wie jeder andere auch? Wo ihr plötzlich wieder glaubt, in einem Körper zu sein, das Baby, wo ihr erst wieder eure Eltern erziehen müsst.

Und die letzte Sphäre. Wohin geht ihr? Der Körper ist weg, aber was bleibt? Ja, die Antriebe bleiben, die Wünsche bleiben, die Ängste bleiben. Und deswegen ist die nächste Sphäre nicht so anders als die letzte, auch ohne Körper.

Ganz egal, wo ihr langgeht. Ganz egal, in welchem Daseinsbereich ihr seid, die nächste Sphäre ist in der Tiefe nicht so verschieden von der Vorigen. Vielleicht ändert sich der Körper. Oder die Form ändert sich, okay, das Geschlecht, mal drei, mal vier Beine, mal 6, mal 8, mal gar keine. Aber die Antriebe bleiben, die Wünsche bleiben.

Jetzt stellt euch einen Faden aus Zeit vor, der viele Leben repräsentiert. Viele Leben. Nicht nur ein Leben, sondern viele menschliche Leben am Stück. Ein langer Faden, eine lange Perlenkette. Jede einzelne Perle ist vielleicht schön oder auch nicht so schön. In jedem Fall ist sie intensiv. Sie ist real, sie ist echt, glaubt man.

So viele Leben. Ist es nicht spannend, wenn man auf das Schachspiel zurückkommt, je mehr Regeln es gibt, umso weniger Variationen gibt es. Die paar Schachregeln, 10^{114}, 10^{115} Partien mit 40 Zügen. Aber nur eine einzige Regel? Da ist eine Menge geboten, da sind eine Menge Potenziale abzuklappern.

Es dauert eine Zeit, bis man merkt, im Grunde ist es immer das Gleiche. Ja, da sind noch Wünsche, aber was sind das eigentlich für Wünsche? Wo kommen die eigentlich her? Da sind Ängste. Irgendwas möchte ich nicht noch einmal erleben, also gehe ich irgendwo nicht hin. Wo kommt das eigentlich her?

Diese Kette ist lang. Und sie reicht weit, weit, weit über das physische Universum hinaus. Diese Kette gibt es auch schon vor der Materie. Im Nicht-Physischen passiert nichts anderes. Alles wabert ein bisschen mehr, ist ein bisschen weniger definiert, flüchtiger. Aber es gibt auch dort immer Jetzt-Sphären. Das Erleben im Augenblick, gefolgt vom Erleben im Augenblick, gefolgt vom Erleben im Augenblick.

Jetzt nehmt eure Kette, die ihr da vor euch seht, diese ewig lange Kette. Macht sie zu einem Knäuel, fügt sie zusammen zu einem Haufen aus Sphären.

So betrachtet kann man erkennen, wie sich der Weg eines Wesens durch diese Sphären immer wieder mit sich selbst kreuzt. Ah, es sind nicht genau die gleichen Sphären, aber die Sphären berühren sich, sie sind sich ähnlich in dem, was sie enthalten. Ja, die Zeit hat sich geändert, die Mode hat sich geändert, die Ausdrucksweise hat sich geändert. Aber das innere Erleben, oh, das ist ziemlich ähnlich. Man nennt das dann Inkarnationen.

Und immer wieder kommt das Gleiche zum Vorschein. Aber wenn man diese Perlenkette um sich selber wickelt, sieht man das plötzlich – ah, da kommen sich Sachen näher. Plötzlich steht man einem anderen Menschen im Raum gegenüber, alle Inkarnationen links und rechts neben einem. Und alle sagen sich gleichzeitig „Guten Tag". Aber wer seid ihr? Wer darf ´s sein?

Wir haben zur Einleitung ein wunderschönes Lied gehört, und manchmal fragt man sich, wie es sein kann, dass… wer auch immer auf Texte kommt, die so tiefe Weisheiten ausdrücken. Sinngemäß heißt es in dem Text irgendwo: „Du triffst nun deine Wahl, du wählst, ob du Qual willst oder Freiheit. Du bist dem Tod so nah, doch deine Augen sind klar."

Jede Sphäre ist gleichzeitig der Tod, denn sie ist begrenzt. Das Gehen von Sphäre zu Sphäre ist Sterben und Wiedergeburt, Sterben und Wiedergeburt. Immer wieder, immer wieder, immer wieder.

Und in jedem Augenblick trifft man seine Wahl. Was darf es sein? Freiheit? Unsterblichkeit? Oder Qual?

Aber es gibt auch süße Qualen. Qual ist relativ. Es kann so aufregend sein, dass es fast schon quälend wird. Es ist zu intensiv, um es auszuhalten. Aber Qual ist im weitesten Sinne alles, was nicht satt macht.

In jedem Augenblick. In jedem Augenblick. Erwachen findet nur im Augenblick statt.

Und nur ihr könnt es tun. Niemand kann es für euch tun. Keine Geschichte kann es für euch tun, keine intellektuelle Einsicht kann es für euch tun, kein höheres Wesen.

Zeit. Eine wunderbare Erschaffung. Eine Erschaffung, die es überhaupt nicht gibt. Eine Illusion, ein Daumenkino, aber faszinierend. Und sie erhält sich selbst, durch Rhythmus, durch Verherrlichung.

Kommt für den Augenblick raus aus diesem Gewusel aus Sphären. Lehnt euch zurück ins wahre Selbst und schaut euch die Sphären an, ganz entspannt. Wie ein Videospiel, wie ein Film im Fernsehen, den immer gleichen Film.

Ja, es gibt ein Jenseits der Sphären. Ja, es gibt ein Sein jenseits der Trennung.

Wir werden eine kurze Pause machen. Versucht, diese Bilder zu halten, diese Weite, dieses über die Zeit hinausgehen, dieses Sehen der Gesamtschau.

Wir werden gleich eine Reise durch die gesamte zweite Runde der Schöpfung machen. Die zweite Runde der Schöpfung ist die Existenz in Polarität, die Existenz in Trennung. Wir werden nochmal das Ganze Revue passieren lassen. Aber für den Moment machen wir eine kurze

Pause. Nutzt die Zeit, redet nicht zu viel. Geht an die frische Luft, was immer angemessen ist. Bleibt in diesem offenen Zustand.

Ich bin Althar.

6. Die Zweite Runde der Schöpfung

Ich bin Aouwa. Ich bin der Anfang und das Ende und das Darüberhinaus von allem, was ist.

Ich begrüße euch in dieser Runde, und ich spreche hier zu euren wahren Selbsten.

Wir kennen uns sehr lange. Wir kennen uns noch von vor der Zeit. Wir kennen uns in einem gewissen Sinne seit Anbeginn der Trennung, wenn man sagen kann, dass Trennung einen Anfang hat.

Wir haben eine lange Geschichte hinter uns. In vielen Teilen haben wir die Geschichte gemeinsam erlebt, jeder auf seine Art, jeder auf seine ganz persönliche Art. Unsere Wege haben sich immer wieder getroffen. Und irgendwann sind wir zu der Auffassung gekommen, dass es an der Zeit ist, ein Resümee zu ziehen.

Ich lade euch ein, mit mir auf eine Reise zu gehen. Eine Reise durch die verschiedenen Epochen, die wir durchlebt haben. Eine Reise durch die Abenteuer, durch die Herausforderungen, bis hin zu dem Punkt, wo man aus dem Abenteuer heraustreten kann.

Wir haben viel erlebt. Nicht jeder mag sich erinnern, aber viele Erlebnisse, die ich erwähnen werde, sind stellvertretend für viele ähnliche Erfahrungen. Wir können nicht alles erzählen, denn wie ihr wisst, ist die Trennung sehr groß, ist das Erleben innerhalb der Trennung sehr reichhaltig. Aber alles, was ich erzählen werde, hat mit euch zu tun, ist euch in der einen oder anderen

Variante widerfahren, habt ihr aus der Perspektive einer Inkarnation erlebt.

Wir machen eine Reise vom Beginn der Trennung, bis zu diesem Jetzt-Augenblick. Versucht einfach zu fühlen, was passiert. Schwelgt noch mal in Erinnerungen, erlebt es im Zeitraffer. Wir haben eben ein Zeitraffer bezogen auf eine Handvoll Inkarnationen gemacht. Jetzt werden wir noch ein bisschen größer. Wir gehen in den Zeitraffer für die gesamte zweite Runde der Schöpfung.

Wir beginnen ganz am Anfang.

(Musik)

Am Anfang…

Oh, ich kann nicht genau sagen, wann das war... am Anfang. Irgendwann habe ich gespürt: „Ich existiere".

Nein, ich hatte keine Worte. Ich hatte nicht den Begriff „Ich", ich hatte nicht den Begriff „Existenz" oder „existieren", aber ich wusste, ich bin da.

Ich bin einfach nur da.

Es war eine Wahrnehmung, die ich in der Form vorher nicht kannte. Aber ich wusste auch nicht genau, warum ich sie nicht kannte.

Irgendetwas war anders, aber ich konnte nicht sagen, was anders war.

Ich war einfach nur da.

Warum? Ich weiß es nicht. Die Frage hat sich mir nicht gestellt.

Tief drinnen, wo immer das sein mag, war das Gefühl – „irgendwas ist anders".

Aber es war auch so neu. Ich kannte in diesem Moment nur meine eigene Existenz.

Es gab kein oben. Es gab kein unten. Ich hatte kein Zentrum. Es gab kein Licht. Es gab kein Dunkel.

Ich *war* einfach nur.

Und ich war... und ich war... und ich war...

Es gab keine Zeit. Nichts war erschaffen.

Wie lange war ich so? Das kann ich nicht sagen.

Ich habe nicht versucht, mich zu bewegen, denn ich hatte nichts, was ich bewegen konnte.

Da, wo ich war... es war leer von allem, es gab nichts. Es war sogar leer von Leerheit. Es gab nur eins: Das Wissen um mein Gewahrsein meiner selbst, was immer das war.

Irgendwie fing hier alles an, so schien es. Plötzlich, ganz plötzlich, spürte ich irgendwie eine Änderung. Ich spürte das, was ich heute Intention nenne. Ich konnte eine Intention haben. Das war wunderbar. Plötzlich war da etwas. Es war nicht nur dieses völlige leer von Leerheit.

Plötzlich gab es Intention. Ich wusste nicht, wie ich sie hervorgebracht habe. Aber ich wusste, ich kann eine Intention hervorbringen. Und nicht nur das. Nicht nur das. Ich konnte die Intention in gewisser Weise in mir fühlen. Sie kam zurück zu mir.

Erinnert euch, wie das war. Erst ist da nichts. Überhaupt nichts. Und dann, plötzlich, ist da etwas. Ich kann Intentionen haben. Und irgendwie kann ich sie wahrnehmen. Sie kommen zu mir zurück. Später habe ich das reine Energie genannt, die Intentionen spiegelt. Reine Energie, die nicht wirklich verschieden ist von Bewusstsein. Reine Energie, die die Intentionen zurückwirft, genau wie ein Spiegel. Ein Spiegel muss nicht verstehen, was er zurückwirft. Er muss das Zurückgeworfene nicht konstruieren, nicht im Detail verstehen. Er spiegelt einfach. Einfach so.

Das macht diese reine Energie. Ich kannte sie damals aber nicht. Ich kannte nur Intention und ich wusste, sie kommt zu mir zurück. Es war eine wunderbare Erfahrung. Es war aufregend.

Was macht man, wenn man so im Nichts ist und plötzlich etwas hat? Man probiert es aus. Welche Arten von Intentionen kann ich haben? Also habe ich erschaffen. Ich habe Intention in mir erschaffen und sie kamen zu mir zurück. So viele Intentionen. Eine faszinierende Welt.

Erinnert euch. Es ist fast so wie in euren Träumen. Was ihr euch vorstellt, ist sofort da.

Aber damals hattet ihr noch kein Bild von euch, keine Vorstellung von euch. Und plötzlich sind da Intentionen und sie vermitteln euch eine Vorstellung von dem, was ihr vielleicht sein könntet. Weil, was könnt ihr sonst sein, wenn nicht eure Intentionen?

Es gab keine Zeit und es war eine wunderbare Erfahrung. Jedes wahre Selbst ist wie ein Kind, das Spielzeug entdeckt – „Da ist ja noch eins, das fühlt sich anders an, es zeigt ein anderes Bild von mir selbst." Aber immer noch war ich in mir selbst, es gab nicht „den Anderen". Auf tiefster Ebene habe ich nur mich selbst gespiegelt.

Es war großartig, verlockend, faszinierend. Welche Intentionen konnte ich haben?

Und dann plötzlich, irgendwann, spürte ich, da ist etwas, das fühlt sich nicht an, als käme es von mir. Es kam irgendwo anders her. Versucht das zu fühlen. Ihr glaubt, ihr seid allein und plötzlich spürt ihr... ah, da ist etwas anderes, etwas, das nicht von mir ist. Aber so etwas wie Angst kennt ihr nicht. Ihr kennt nur Neugier. Wovor solltet ihr Angst haben? Da ist Neugier. Was ist das, das Andere?

Dann kommt die Intention, das Andere kennenzulernen. Ihr habt alle Energie aufgewandt, alle Intention aufgewandt, um dieses Andere zu entdecken. In gewisser Weise bin ich nach außen gegangen. Ich wusste nicht, was innen ist und was außen ist. Ich wusste nur, da ist etwas anderes. Heute nennen wir es „das Außen", das, was nicht in mir ist.

Es dauerte. Ich habe weiter meine eigenen Intentionen gehabt, habe mich selbst gespiegelt, und gehofft, gewartet, was da noch ist. Was ist da noch? Und dann plötzlich – der erste Kontakt.

Der erste Kontakt.

Ich bin nicht alleine, was immer das heißt. Ich kannte ja nichts anderes. Was für ein Quantensprung im Bewusstsein. Von „ich bin alleine“ auf „da ist etwas anderes“. Was für eine Freude.

Bisher kannte ich nur meine eigenen Intentionen. Bisher habe ich mich nur in mir gespiegelt. Aber plötzlich gab es etwas anderes, das mich ebenfalls gespiegelt hat. Es zeigte mir ganz neue Facetten meiner selbst. Ich bekam, nennen wir es Bilder, die ich nicht aus mir heraus erzeugt hatte. Es war neu. Sagen wir neue Ideen.

Man erkundet sich gegenseitig. Auch für den Anderen war es neu. Und irgendwann stellt man fest, es gibt tatsächlich *viele* Andere. Nicht nur einen Anderen, viele Andere.

Man erkundet. Man spiegelt sich gegenseitig. So etwas wie Gruppen bilden sich. So viele Möglichkeiten, die man alleine nicht hat. Diese Zeit dauerte lange... sehr, sehr lange.

Wir hatten noch keine Körper. Wir hatten keine Körper und wir erkundeten unsere Möglichkeiten. Die Möglichkeiten des Bewusstseins. Und natürlich gab es das, was man heute Reibungen nennen würde, man würde es Konflikte nennen. Aber es hatte keine Konsequenzen in dem Sinne. Wir hatten keine Körper. Es tat nicht weh.

Wir waren sehr flexibel. Und wir hatten andere in der Gruppe, die so ähnlich waren wie wir. Wir verstanden uns. Wir hatten ähnliche innere Strukturen ausgebildet. Wenn eine andere Gruppe da war, ah, das war interessant, manchmal war es nett, manchmal war es auch nicht so nett. Aber es war auch nicht so wichtig.

Die Zeit, als ich alleine war, oh, das war sehr lange, auch wenn es vor der Zeit war. Die Zeit, die wir gemeinsam jenseits des Physischen gespielt haben, die war *sehr* lange. Bewusstsein ist groß. Bewusstsein ist sehr groß und hat viele Spielfilme.

Irgendwann wurde Raum erzeugt, Zeit erzeugt durch Intentionen. Wir haben in gewisser Weise die Spielregeln festgelegt und haben dadurch erschaffen. Plötzlich war da physische Materie, etwas völlig Neues. So viel zu erkunden. So viel zu erleben. So viele Arten sich selbst zu entdecken. Bilder seiner selbst. Die eigenen Fähigkeiten oder auch das eigene Unvermögen.

So lange...

Aber irgendwann, irgendwann, nach Äonen, haben wir doch festgestellt – so aufregend das alles hier auch ist, vieles scheint sich zu wiederholen. Vieles scheint sich zu wiederholen. Vieles scheint sich zu wiederholen, in immer neuen Gewändern zwar, in immer neuen Facetten, in immer neuen Ausprägungen, aber irgendwie waren die Erfahrung doch immer sehr ähnlich.

Selbst physische Materie. Wir hatten sie entdeckt, das war neu. Wir konnten damit spielen, neue Sachen bauen, buchstäblich, und sie kaputt machen. Aber irgendwann merkten die ersten Wesen, nein, nein, Achtung, Achtung, auch was neu ist, wird plötzlich wieder zum Alten. Wir machen immer dasselbe, nur mit einem neuen Lehm. Immer das Gleiche. Immer im Kreis. Über Äonen die gleichen Erfahrungen, nur neu angestrichen.

Und die ersten, die ersten wurden nervös. Sie sagten: „Was ist das denn hier?“ Ja, es gibt viele Varianten, aber *qualitativ* gibt es eigentlich nichts Neues. Wir tun so, als würden wir etwas Neues erschaffen, aber in Wirklichkeit wiederholen wir immer, immer, immer die alten Spiele. Das ist das, was man den Stillstand nennt. Nicht, dass es nicht genügend Varianten gäbe, aber es sind die immer gleichen Erfahrungen. Es findet keine wahre Schöpfung statt.

Und die ersten wurden nervös und sagten: „Na, na, das ist nichts für mich. Ich gehe einen anderen Weg. Ich gehe wieder nach innen.“ Und sie merkten, indem sie nach innen gingen, konnten sie aufhören, gewissen Wiederholungen zu folgen. Stillstand war keine Option für sie. Sie wussten, man wird wahnsinnig. Wie oft kann man das immer gleiche wiederholen? Wie oft kann man das immer gleiche wiederholen?

Und es gab die ersten, die soweit nach innen gingen, die so viel Klarheit entwickelt hatten, so viel Weisheit entwickelt hatten, dass sie sagten:

„Es gibt einen Weg hier raus. Es gibt einen Weg hier raus.“ Heute nenne ich das „das Prinzip des Aufstiegs“.

Aber irgendwie blieb ein kleiner Zweifel. Irgendwie blieb ein kleiner Zweifel. Und was schwerer wog, diese Wesen, die soweit waren, sie konnten es nicht vermitteln, weil es zu viele gab, die noch weiterspielen wollten. Die weiter ausprobieren wollten, die noch nicht genug hatten von den ewig gleichen Erfahrungen. Also ging es weiter und weiter und weiter.

Und das, was eben noch schön war und harmonisch, das wurde plötzlich hässlich und dissonant. Alles was man an Schönem erzeugt hat, hat immer das Gegenteil in sich getragen, ist irgendwann zerfallen. Alles, was wir aufgebaut haben, ging irgendwann kaputt. Und nicht nur einmal, nicht nur zweimal, nicht nur tausendmal... immer wieder... immer wieder... immer wieder.

Was tun?

Es wurde immer mehr Wesen klar: Das ist Stillstand. Die ewige Wiederholung des immer gleichen. Keine wahre Schöpfung. Keine neue Erfahrung. Immer nur Wiederholung.

Heute würde man sagen, die gleiche Arbeit, lebenslang. Immer ins Büro und dann von vorne, kein Ende in Sicht. Es gibt ab und zu neue Kugelschreiber. Ein neues Formular, aber ansonsten immer weiter und nochmal. Vielleicht ein bisschen schneller, okay, aber schneller macht es auch nicht besser. Oder?

Was tun?

Große Verzweiflung. Der Stillstand. Noch war er nicht da. Alle wahren Selbste existierten noch immer. Aber es machte immer weniger Spaß zu existieren. Und plötzlich wurde eine Idee geboren. Es gab die Materie bereits, aber die Materie wurde bisher nur von außen erlebt. Was wäre, wenn? Was wäre, wenn...?

Und ein Traum ist gereift. Eine Idee ist gereift. Und es war vielleicht mit die schönste Idee in der ganzen zweiten Runde der Schöpfung.

Was wäre, wenn man sich in Materie einbettet. Nicht nur als unförmiges Wesen ohne Struktur im Nicht-Physischen, das mit dem Physischen spielt. Nein, nein. Man geht rein in das Physische, weil das Physische langsam war, das hatten wir gesehen. Sooo langsam. Aber wir hatten es nur von außen betrachtet.

Wie wäre es wohl, wenn man sich einbettet in dieses Physische und dann von innen heraus schaut, was es heißt, im Physischen zu sein. Die einen dachten: „Aha, das ist etwas, was man wahre Schöpfung nennen könnte, völlig neue Erfahrungen.“ Sie waren begeistert. Andere dachten: „Das ist etwas, mit dem man das Prinzip des Aufstiegs vielleicht in Realität wandeln könnte, zum echten Aufstieg, weil man es dann in Zeitlupe erlebt.“

Und so gab es viele, viele Gründe, warum dieses Projekt angegangen wurde. Die gemeinsame Erschaffung des Inkarnierens, des Bewusstsein-

Einbringens in Materie. Es war eine Sternstunde des Bewusstseins. Wunderbar. Wunderbar.

Und einige meinten es ernst, wie immer. Manche reden darüber, manche tun es. Manche haben es getan, haben sich zusammengefunden. Und sie haben angefangen zu erschaffen, indem sie gemeinsam geträumt haben.

Geht zurück zu der Zeit. Ihr wart dabei.

Wie erträumt man sich eine Welt, die es noch nicht gibt? Auf welche Regeln einigt man sich?

Es ist nicht so einfach und vieles wurde nicht ausgesprochen, weil es noch keine Worte dafür gab. Jeder hatte seine eigenen Vorstellungen. Viele davon konnte man nicht formulieren. Und trotzdem haben wir gemeinsam geträumt. Wie wäre es, Bewusstsein in Materie einzubetten?

Und wir haben uns einen Planeten ausgesucht. Einen Felsen im Universum, im physischen Universum. Ein nackter Felsen, und wir haben ihn ins Leben geträumt. Wir haben die Erde lebendig gemacht. Wir haben unsere Intentionen zusammengebracht.

Schaut sie an, eure Erde. Wir waren gestern draußen, haben sie und den Mond von außen gesehen. Die Erde war früher wie der Mond. Und wie schön ist sie geworden, die Erde. Wie schön ist sie geworden. Wir haben die physischen Strukturen ins Leben geträumt. Biologie, die sich selbst erhält innerhalb der Materie. Organismen, kleine, große, und wir haben das alles beobachtet.

Und irgendwann kam die Frage: „Jetzt ist es soweit. Wer wagt es, Bewusstsein in die physische Materie einzubetten? Wer wagt es?“ Und keiner wusste, was passieren würde.

Es war nie zuvor getan worden. Einen Teil seines Bewusstseins zu nehmen und in die Materie einzubetten. Oh, es hätte sein können, dass dieses Wesen auf Ewigkeiten verkrüppelt ist, ein Stück fehlt. Ein Stück fehlt einfach. Und keiner wusste was passiert. Ja, das war Abenteuer, echtes Abenteuer.

Aber, denkt zurück. Die Alternative war der Stillstand. Immer die gleichen Formulare, nur mit neuen Kugelschreibern. Also gab es genügend, die gesagt haben, ich bin dabei, ich versuche es.

Und bevor es losging, haben wir uns noch einmal getroffen und haben uns versprochen, wir wissen zwar nicht, was passieren wird, aber wer zurückkommt, der hilft den anderen.

Und dann war es soweit. Teile der wahren Selbste haben sich irgendwie abgelöst. Die Details spielen keine Rolle. Aber sie haben sich immer mehr verdichtet, immer mehr verdichtet, haben sich angenähert an die Materie und dann sind sie eingetaucht.

Eingetaucht, zuerst in die Wale. Erinnert Euch. Die Wale waren bereit. Es war komisch für beide Seiten. Wie ist das, da ist einfach nur Materie und plötzlich kommt da so was wie Bewusstsein und bettet sich ein. Es war komisch, insbesondere für das Bewusstsein. Es war fast so, wie ganz am

Anfang. Eine völlig neue Welt, eine völlig neue Welt.

Ich konnte Intentionen haben, aber es war nicht so wie damals. Jetzt ging es darum, Biologie zu bewegen, Materie zu bewegen, sich daran zu gewöhnen, in Harmonie zu gelangen. Wie ist das, ein Wal zu sein? Wo guckt man raus? Gibt es Augen? Guckt man durch die Schwanzflosse? Ist man groß, ist man klein? Wie ist das?

Erinnert euch. Ihr gleitet wie ein Wal durchs Meer. Mal tief unter Wasser, dann an der Wasseroberfläche. Allein das, tief unter Wasser, so ein Druck. Ein Wesen, das nie in der Materie war, kennt das Gefühl nicht, Druck ausgesetzt zu sein. Allein das Gefühl Druck zu erleben, war wie eine Offenbarung. Dann auftauchen an die Wasseroberfläche und Luft zu atmen. Im Nicht-Physischen hat kein Wesen jemals geatmet. Plötzlich spürt man, wie dieser Organismus atmet, um sich am Leben zu erhalten.

Und ihr wart hautnah dabei, buchstäblich. Es war fast wie am Anfang. Man weiß nicht, was man kann. Man muss es ausprobieren. Da ist Materie, hier ist Bewusstsein. Wie geht das beides zusammen?

Und wir haben viel ausprobiert. Nicht nur in den Walen. Viele waren in den Pflanzen oder in einem Stein. Ein Fels. Tausend Jahre in einem Felsen. Es mag langweilig klingen, aber wenn man aus dem Nicht-Physischen kommt, ist ein Fels aufregend, das sage ich euch. Ein Fels, auf den plötzlich die Sonne scheint, auf den plötzlich Regen fällt.

Eben noch ein Wal, plötzlich eine Mücke. Was für ein anderes Erleben.

Langsam fanden wir uns wieder zusammen, wir, die wir Wesen bewohnten und brachten das ins Leben, was man heute Lemuria nennt. Erste Erfahrungen mit anderen physischen Wesen mit Bewusstsein, die ebenfalls verbunden waren mit physischen Organismen, mit biologischen Organismen. Auch das, völlig neu. Und alle freuten sich. Immerhin war die erste Etappe schon mal gelungen. Es war gelungen, Bewusstsein mit Materie zu vereinen. Und Teile derer, die träumten, waren überaus happy. Sie dachten, der Stillstand sei damit überwunden. Sie jubilierten. Etwas Neues passiert.

Die Wesen machten weiter, sie probierten aus. Was können wir tun mit unserer Biologie? Wie gehen wir mit anderen um? Und natürlich machten sie das, was sie von der anderen Seite, der nicht-physischen Seite, gewohnt waren, nur diesmal eben in Zeitlupe. Sie machten Energiespiele. Sie rieben sich aneinander. Aber jetzt hatten sie Körper. Plötzlich tat es weh. Das war eine völlig neue Erfahrung. Plötzlich hatten meine Intentionen Konsequenzen ganz anderer Art. Das musste man lernen. Und man kann so viel daraus lernen.

Und Lemuria war dadurch gekennzeichnet, dass Bewusstsein noch nicht wirklich ganz im Körper war. Und es gab noch sehr viele von den schöpferischen Fähigkeiten, die ausprobiert wurden und die missbraucht wurden. Aber nicht in einem bösen Sinne, sondern einfach, weil man es konnte.

Die schöpferische Macht war einfach noch sehr viel näher. Also passierte das, was immer passierte, auch mit Lemuria. Energien tobten sich aneinander aus, das Bewusstsein rieb sich aneinander. Und das, was vorher über Äonen im Nicht-Physischen passierte, begann sich im Physischen zu wiederholen. Ja, eben noch war es neu, aber schon kamen die alten Spiele wieder.

Trotzdem, Lemuria war eine aufregende Zeit. Lemuria zerfiel und es gab einen fließenden Übergang zu dem, was wir heute Atlantis nennen. Atlantis. Das Kennzeichen von Atlantis ist die Tatsache, dass die Wesen zu diesem Zeitpunkt wirklich dachten, sie seien die Körper. Lemuria war die Übergangsphase, sie waren teils Tier, teils Gottmensch, Kindergötter. Die schöpferischen Fähigkeiten waren ihnen noch sehr verfügbar.

Atlantis, physische Geburt. Die Wesen blieben in den Körpern. Und Atlantis war gekennzeichnet durch enorme Fortschritte im Bewusstsein. Durch enorme Erkenntnis, enorme Weisheit. Die Wesen hatten gelernt, besser miteinander umzugehen. Sie hatten gelernt, was Konsequenzen ihres Handelns sind. Es wurde etwas friedlicher.

Und die ersten begannen, nach innen zu gehen. Sie erinnerten sich in gewisser Weise an das, was ihre eigentliche Aufgabe war, nämlich den Stillstand zu überwinden. Ja, sie waren im Physischen. Ja, sie waren inkarniert, aber sie hatten gespürt, nein, nein, das hat den Stillstand noch nicht geändert. Es wurden die gleichen Themen, die gleichen Plots immer wieder wiederholt, genau wie im Nicht-Physischen. Aber jetzt gab es eine Atmosphäre für einige, die es erlaubte, nach innen zu gehen. Und zwar in Zeitlupe. Und es zu kultivieren, das Gewahrsein. Die Einsicht zu kultivieren.

Und dann plötzlich, dann plötzlich gab es das erste Wesen, das sich aus der Trennung befreit hatte. Das, was wir heute Erwachen nennen, gefolgt von Aufstieg. Das erste Wesen hatte es geschafft. Und wir hatten es beobachtet. Und wir wussten in dem Moment, dass der Stillstand überwunden war. Es spielt keine Rolle, wie lange es dauert, bis es sich überall in die ganze Schöpfung ausbreitet. Aber wir wussten, er ist überwunden. Wenn es *ein* Wesen kann, dann können es *alle*. Eine große Freude, eine gigantische Freude. Wir dachten, das ist der Himmel auf Erden, das ist der Weg.

Allerdings ist es in der Trennung nicht ganz so einfach. Denn viele Wesen, viele Wesen bilden ein Massenbewusstsein. Und wenn ein Massenbewusstsein zu stark gespreizt wird, wenn einige Wesen zu weit vorangehen und andere zurück sind, dann ist das wie ein Gummiband, das immer weiter gespannt wird, immer weiter gedehnt wird, bis es sich plötzlich nicht weiter dehnen lässt.

Und es zieht sich wieder zusammen, mit aller Kraft.

Atlantis war zu früh. Das Timing war noch nicht richtig. Wieder die Zeit. Atlantis war noch nicht der Himmel auf Erden. Ganz im Gegenteil, Atlantis musste fallen. Das Bewusstsein war zu stark gedehnt. Die Widersprüche waren zu groß und es gab zu viele, die zu sehr an den alten Spielen hingen. Die zu viel Macht hatten. Die so viel Freude hatten, größer zu werden. Genug ist nicht genug.

Und so begannen sie wieder von vorne, die alten Spiele der Dominanz, des Unterwerfens, des Energieraubs. Nur diesmal waren sie wie die Kinder sehr nahe an die Quellen des Schöpferischen herangekommen, an die Ursprünge der Trennung. Sie konnten den ganz großen Hebel bewegen. Und sie taten es, weil sie nicht wussten, was sie taten.

Mit verheerenden Konsequenzen. Erst hatte es Spaß gemacht. Mehr Energie ist gut, mehr Sklaven ist gut, mehr Vergewaltigung ist gut. Es gibt mir Energie. Aber sie haben es überdreht, sie konnten die Kräfte nicht bändigen. Atlantis hat sich selber gefressen. Genug ist nicht genug.

Da saßen sie, die wahren Selbste. Das ist das Ergebnis eines wunderbaren Traumes? Das ist das Ergebnis vom Traum des Erwachens, vom Ende des Stillstands? Das passiert, wenn man sich der wahren Schöpfung nähert? Das tut *weh*. Und der Schmerz ist *real*. Und so viele haben sich geschworen: „*Nie wieder!* Nie wieder, werde ich meine schöpferischen Fähigkeiten für so etwas gebrauchen. Nie wieder werde ich mich dem, was man Erwachen nennt, nähern, damit das nicht wieder passiert. *Nie wieder!*“

Die Erlebnisse waren so tief, die Traumata so tief, die Muster so tief. Sie haben sich tief eingegraben in das, was ihr DNA nennt. In die physische DNA, in die nicht-physische DNA. Eure Wissenschaftler wissen heute, dass sich Emotionen in der DNA niederschlagen und sie vererbt werden. Damals hatte das einen großen Niederschlag. Und sie werden weitergegeben, bis heute. Bis heute. „Erwachen – und das ist das Ergebnis? Schöpfer sein – *und das ist das Ergebnis?*“

Wir reden hier von Mustern. Und ihr denkt an kleine Gewohnheiten, die man mal eben ablegen kann, die man sich abgewöhnen kann. Aber es gibt Muster, die sind so tief, die will man nicht sehen. Man tut alles, um sie zu vermeiden.

Es ist wie ein Magnet, aber er stößt ab. Man sieht ihn nicht, man kommt ihm nahe. Da ist Erwachen und es beginnt einen *abzustoßen*. Und je näher man kommt, desto stärker wird man abgestoßen und man sieht es nicht. Es geht vollautomatisch. Die Programme sind so tief. „Nie wieder!“ Es ist keine Frage der Gewohnheit, es ist eine Frage der Weisheit.

Da saßen wir also, wir wahren Selbste. Das war das Ergebnis. Aber was sollten wir tun? Da war der Stillstand und wir hatten eine Sternstunde. Wir hatten ein Wesen, das die Trennung verlassen hat, das über das Sein hinausgegangen ist, wie wir es kannten. Und wir wussten, es funktioniert, auch wenn die Schreie immer noch bei uns waren, der Schmerz.

Also träumten wir weiter. Also träumten wir weiter. Atlantis war zu früh, es waren die ersten Babyschritte. Babys fallen hin, so ist das halt. Also haben wir weiter geträumt. Die Wesen, die auf der Erde blieben, die überlebten, gingen unter die Erde, weil, die Oberfläche der Erde war wüst. Sie hat sich dem angepasst, was passiert war. Man kam ein wenig zur Ruhe.

Und es dauerte lange, bis die Erinnerungen wegfielen, die bewussten Erinnerungen. Viele Inkarnationen unter der Erde. Und immer waren sie noch da, die Erinnerungen an das, was passiert ist. In den Träumen waren die Schreie von damals noch zu hören. Und die Gefühle, die wieder hochkamen. Es dauerte lange.

Aber es war auch eine gute Zeit. Nichts ist nur gut, nichts ist nur schlecht. Wenn man drinnen steckt, es von innen erlebt, dann kann es sehr weh tun. Aber auf lange Sicht gibt es Weisheit. Und daraus folgt irgendwann die Weisheit, die darüber hinausführt, über die Trennung hinausführt.

Viele neue Wesen kamen hinzu. Sie inkarnierten sich zum ersten Mal. Sie waren nicht in Atlantis dabei gewesen. Sie waren nicht so vorbelastet. Sie waren viel frischer. Aber sie wurden auf biologische Art und Weise geboren. Die Traumata waren auch in ihren Genen, aber sie wussten nichts davon. Sie waren selbst nicht dabei gewesen. Aber irgendwie, irgendwie waren die Erinnerungen in ihnen angelegt.

Also, wir reiften, wurden ein wenig weiser. Vielleicht nicht mehr ganz so ambitioniert, vielleicht ein bisschen ruhiger. Und irgendwann war die Zeit gekommen, wieder an die Oberfläche zu gehen. In Ägypten. Viele erinnern sich an Ägypten und das ist kein Zufall.

Ägypten war der Versuch, das Positive aus Atlantis zu retten und noch einmal zu erleben. In Ägypten entwickelten wir viele Initiationen, die den Einzelnen mit den Möglichkeiten der Schöpfung vertraut machten. Die ihn mit seinen eigenen Ängsten vertraut machten. Und das war revolutionär. Das Konzept der Angst, die plötzlich hochkommt, und dass man sich dagegen wappnen kann, dass man sehen kann, ja da ist Angst, aber sie hat keinen echten Einfluss, wenn ich es nicht zulasse.

Große Tempel wurden dafür gebaut. Generationen über Generationen von Initiationen, um das Bewusstsein dafür zu entwickeln. Tausende von Jahren. Ägypten.

Und in Ägypten wurde das Konzept des Gottes, des *einen* Gottes geboren. Es hatte nur einen Schönheitsfehler, dieser Gott war da draußen. Erinnert euch daran. Die Sonne, stellvertretend für den einen Gott. Der Pharao, die Inkarnation des Gottes auf Erden. Aber der Pharao wusste, es ist nicht echt. Er nimmt eine Rolle an und das Volk spielt mit und projiziert auf den Pharao – Pharao ist glücklich, Volk ist glücklich. Es war gespielt, es war nicht echt. Der Gott war da draußen und der Pharao war ein Mensch. Mal war er dem Volk zugetan, mal nicht so sehr.

In jedem Fall war Ägypten eine lange Zeit, tausende von Jahren. Viel Zeit, um weiter in Zeitlupe zu lernen, um immer wieder in eine Kultur hineingeboren zu werden, die sich nicht wirklich schnell änderte. Zwar immer wieder mal Sprünge machte, ja, aber in sich sehr harmonisch war.

Dann andere Gegenden, Indien. Der Buddha, 500 Jahre vor Christi Geburt. Bewusstsein hat erneut einen Quantensprung gemacht. Der erste Mensch, der erste bekannte Mensch, nicht der erste, aber einer der bekanntesten Menschen, die nicht nur aufgezeigt haben, was es mit dem Sein auf sich hat, sondern der auch einen Weg hinaus gewiesen hat. Das war revolutionär.

Und wie viele sind ihm gefolgt zu seiner Zeit. Man mag sich das nicht vorstellen. Er hat ihnen viel abverlangt. Und es waren nicht so sehr seine Worte, die er gesagt hat. Es war seine Präsenz. Die Menschen haben gesehen, da ist etwas anders. Er verkörpert, was er sagt. Ich mag nicht verstehen, was er sagt, und es ist mir auch egal. Er verkörpert es, und das ist mein Licht.

Yeshua. Eine ganz besondere Erscheinung. Eine echte Co-Kreation von vielen, weil wir sagten, wir müssen ein bisschen nachhelfen. Lasst uns ein Wesen hervorbringen, das mit guten

Voraussetzungen kommt, das es ein wenig einfacher hat, in der Welt zu bestehen. Und dazu brauchen wir ein Umfeld und wir brauchen das Vehikel Yeshua. Aber Yeshua hat nur vier Jahre auf der Erde gelehrt. Vorher ist er gereift.

Anschließend kamen die Kirchen. Das Mysterium verschwand sehr schnell. Die Traditionen entstanden, die Verwalter kamen, die mit den Kugelschreibern und Formularen. Und es fing wieder von vorne an. Die Technik kam auf, fast wie in Atlantis. Ein bisschen langsamer, ein bisschen komplizierter, weniger Intuition, weniger Intention, vielmehr Mechanik, mehr Physik. Und ehe man sich versieht, haben wir wieder Kriege. Ständig Kriege überall. Religionskriege, man stelle sich das vor.

Der erste Weltkrieg. Der erste Weltkrieg war harmlos. Das war das, was immer passiert war. Aber dann, der zweite Weltkrieg, die Atombombe. Plötzlich war Auslöschung wieder eine reale Gefahr. Plötzlich stand Atlantis wieder vor der Tür, aber diesmal mit noch mehr Potential zur Zerstörung.

Und wieder sitzen sie da, die wahren Selbste und sagen: „*Was ist nur los?* Warum ist es so schwer?"

Aber irgendwie kam es nicht zur Auslöschung. Der zweite Weltkrieg ging zu Ende, zwei Atombomben, okay. In der Folge hätte es mehrfach fast geknallt. Wer weiß, vielleicht gibt es Stränge der Zeit, in denen es geknallt hat. Vielleicht gibt es Stränge der Zeit, von Atlantis abzweigend, in denen es keinen Untergang gab. Aber irgendwie, hier und jetzt, in dieser Realität, in diesen Genen, die ihr mit euch tragt, ist dieser Zeitstrang eingewoben, die ganze Vergangenheit. Der zweite Weltkrieg ist erst ein paar Tage her.

Dann gab es ein leichtes Aufatmen. Oh, der Kalte Krieg ist vorüber, jetzt wird alles gut. Und Überraschung, es geht einfach weiter, wie es immer weiterging.

Was brauchen wir? Eine neue Unterweisung? Einen neuen Jesus? Einen neuen Buddha? Einen neuen Plato? Einen neuen Echnaton? Was brauchen wir?

Und so kommen wir zurück, irgendwie an den Anfang. Oh, wir haben eine lange Reise gemacht durch die Sphären der Trennung. Wir haben nur einen Bruchteil erkundet, aber Trennung hat nur einen Geschmack, den Geschmack der Wiederholung. Im Großen wie im Kleinen. Muster pflanzen sich fort, drücken sich aus, werden erfahren.

Ist es nötig, eine neue Kultur zu gründen? Einen neuen Aschram? Vielleicht gibt es diesmal den *richtigen* Tempel, den *richtigen* Führer, das *richtige* Idol? Den *richtigen* Gott, da draußen?

Aber nichts ist nur schlecht, genau wie nichts nur gut ist. Jetzt sitzen wir hier in diesem kosmischen Kino. Wir sehen vor uns ausgebreitet die zweite Runde der Schöpfung. Wir spüren die Wunde der Schöpfung. Die Wunde der Schöpfung hat einen Vornamen und der ist Trennung.

Was ist nötig, um aus dieser Trennung rauszugehen?

Wie hieß es in dem Lied? Du kannst wählen zwischen Unsterblichkeit und Tod. Die Uhr an deiner Wand, sie ist gefüllt mit Sand. Und der Sand rieselt, aber er hört nie auf zu rieseln. Er bröckelt immer weiter. Die Zeit hört nicht auf. Es gibt kein Ende der Zeit. Wenn man ans Ende der Zeit kommt, erschafft man sie einfach neu. Man erschafft ein Stückchen mehr. Der Faden aus Zeit, den kann man laufen bis in alle Ewigkeit.

Es gibt nur einen Weg, und das ist die Wahl zu treffen. Die Wahl, die Dinge mit dem Auge der Soheit zu sehen, nicht mit dem Auge der Trennung. Das Auge der Soheit, das Trennung sieht als das, was sie ist. *Und das immer wieder und immer wieder in jedem Augenblick*, in *jeder* Sphäre, in der man sich gerade befindet. Mit Entschiedenheit immer wieder den Blick der Soheit anwenden, wenn man merkt, man hat sich in seinen Mustern verloren, in seinen Genen. Immer wieder, immer wieder. Das ist der Weg.

Tatsächlich spielt Zeit keine Rolle. Denn wir hier als wahre Selbste, wir sind jenseits der Zeit. Und in dem Sinne kann ich mit Recht, mit vollem Recht, sagen, wir, die wir hier auf Ebene der wahren Selbste sitzen, sind bereits aufgestiegen. Wir haben die Erfahrung gemacht. Aber dieses ganze Wesen der Trennung ist wie eine einzige Sphäre, wie ein Beutelchen in der Ewigkeit. Da, wie diese Weihnachtskugel, die über Joachim, an einem kleinen Faden hängt. Da drinnen ist alles enthalten. Alle Universen, alles was Trennung hervorbringen kann. Sie hat ihren Platz in der wahren Realität, weil Trennung gedacht werden kann. Aber wenn man drinnen ist, kann man sich auf Ewigkeiten darin verlieren. Weil dort drinnen Zeit ist. Und Zeit spielt in der Zeit keine Rolle.

Von außen betrachtet ist es eine Idee. Und wir sind längst draußen. Wir sind längst draußen. Es ist nur noch der Mensch dort drinnen, es sind sozusagen die Nachwirkungen, die noch abgeholt werden. Und in diesem Augenblick können wir uns erinnern, was wir damals gesagt hatten, bevor wir losgingen. Wer es zuerst raus schafft, der hilft den anderen. Denn wir wussten nicht, was passieren würde, wir hatten keine Ahnung, dass es so intensiv sein würde, so real.

Und das ist das, was Mitgefühl heißt. Ja, es ist ein Traum, es ist nicht real. Aber wenn man mittendrin in dem Traum ist, dann ist es ziemlich real.

Ein wahres Selbst, das sich selbst erkannt hat, das erkannt hat, dass es nicht getrennt ist vom reinen Bewusstsein, vom göttlichen Bewusstsein, das kann in diesen Traum hineinwirken.

Das ist diese Brücke im Bewusstsein. Eine bewusste Projektion in diesen Traum hinein. Und sie kann überall hingehen, sie ist frei. Frei, sich in der Zeit zu bewegen. Sie kann jede Sphäre besuchen, sie kann jede Gestalt annehmen, jede Stimme. Sie kann mit den Wesen, die glauben, in der Trennung zu sein, auf alle Arten kommunizieren, mit allen Worten, mit allen Bildern. Mal als Buddha, mal als Yeshua, mal als Althar. Es spielt keine Rolle. Was immer hilft, ist gut. *Das* ist das Versprechen der wahren Selbste.

Und es ist auch kein Opfer. Ganz im Gegenteil. Jetzt, nachdem man sich von der Trennung befreit hat, kann man zum ersten Mal die Trennung wirklich genießen. Das klingt paradox, aber das ganze Unterfangen ist von vornherein paradox. Jetzt kann ich zum ersten Mal einen Sonnenuntergang wirklich sehen. Wirklich sehen. Und sehen was er *tatsächlich* ist. Ein Abbild der Schönheit, die immer schon in mir ist.

Ich kann handeln, ich kann in der Polarität handeln, ohne eine Absicht zu haben. Es ist das erste Mal, dass man handeln kann, ohne eine Antwort, eine Spiegelung zu erwarten. Eine Handlung, die *in sich abgeschlossen* ist. Das gibt es unter normalen Menschen nicht. Das gibt es einfach nicht. Jeder Blick, jede Geste hat irgendeine Absicht. Sie möchte Bestätigung, sie möchte Kommunikation, sie möchte Verbundenheit, irgendetwas wird immer gewollt. Und deswegen ist die Handlung nicht abgeschlossen.

Es ist eine Energie, wenn man in Energien denken möchte, die ausgesandt wird. Und sie kommt zurück. Alles kommt zurück. Am Ende des Tages kommt alles zu einem zurück. Und wenn dann alles da ist, dann baumelt das wie eine Sphäre über einem oder vor einem und man sagt:

„Und deswegen habe ich so ein Theater gemacht?“ Eine Regel, ein Spiel, Trennung. Gut.

Das ist die zweite Runde der Schöpfung. Es ist Zeit, ein Resümee zu ziehen. Das Resümee könnt nur ihr selber ziehen. Denn erst, wenn ihr es auf der Ebene des Menschen zieht, wenn ihr für euch feststellt, genug ist genug, dann wird es für euch real.

Es *ist* bereits passiert, jenseits der Zeit. Wann es für euch real wird, ist eure Entscheidung. Das ist die einzige Macht, die ihr wirklich habt. Ihr erschafft keine Sphären. Ihr betreibt in der Trennung keine wahre Schöpfung. Die einzige Macht, die einzige Macht, die ihr wirklich habt, ist, aus der Trennung herauszutreten und euer Erbe anzunehmen. Nämlich das eines wahren Schöpfers.

Das war doch mal ein Film. Also, es war mir eine große Freude, mit euch diese Erinnerungen angeschaut zu haben. Ich weiß bereits jetzt, dass wir uns jenseits der Zeit wiedersehen und eine gute Feier haben werden. Und wenn ihr wollt, dann habt die gleiche Feier hier auf Erden. Tut so, als ob. Fake it till you make it. Ist sowieso alles Fake.

In diesem Sinn, Ich bin Aouwa. Vielen Dank.

7. Verschleierung

(Gelächter, weil sich der Kopf eines Wackel-Dackels aus der Verankerung gelöst hat.)

(Musik: „Dream“, von *Imagine Dragons*)

Ich bin Althar, der Kristall-Drache, der wackelnde Kopf, der immer ja sagt, egal was er hört, egal was er sieht. Das ist Mitgefühl. Was immer da kommt, ist okay. Es ist nicht ganz so ernst zu nehmen, es ist nicht ganz so wichtig, wie es scheint. Ganz allgemein sind die Dinge anders, als sie scheinen.

„We all are living in a dream“, da ist sehr viel Wahres dran. Wie wir gerade gehört haben, möchte der liebe Sänger von der wunderbaren Gruppe „Imagine Dragons“ trotzdem weiter träumen. Er ist in einem Traum und er möchte weiter träumen. Macht das Sinn?

Man ist in einem Traum und der Traum gefällt einem nicht, also träumt man weiter und träumt weiter und träumt weiter. Träumt weiter von Dingen, wie Verwirklichung, Erwachen, Aufstieg, von irgendwelchen Dingen, die einem ein Bedürfnis erfüllen. Aber irgendwann kommt der Zeitpunkt, wo es Zeit ist, das Träumen zu beenden. Das Träumen zu beenden.

Es gibt einen sehr weisen Satz von einem Zen-Meister namens Sosan. Der sagte: „Wenn das Auge der Soheit nicht schläft, vergehen die verschiedenen Träume von selbst.“ Es ist nicht so, dass da nur ein Traum geträumt würde. Es wird ein Traum im Traum geträumt und im Traum und im Traum und im Traum.

Auf allen Ebenen des menschlichen Seins werden gleichzeitig Träume geträumt. Der biologische Körper träumt seinen Traum. Der Emotionalkörper träumt seinen Traum. Der Mentalkörper träumt seinen Traum. Alle gleichzeitig, eine einzige Kakophonie. Mal ist das Eine im Vordergrund und mal das Andere. Mal ist alles ein wenig ruhig, dann scheint plötzlich das Licht durch die Wolkendecke, aber dann geht´s gerade weiter wie zuvor. Die Nebelschwaden ziehen wieder auf, sie kreisen, sie erhalten sich selbst, sie kämpfen gegeneinander.

„Alles muss raus“ haben wir eben gehört in der Geschichte von dem Kaufhaus und den kleinen Wichteln. „Alles muss hier raus“ und die Wichtel glauben, das sei ernst zu nehmen. Sie leben in einem Kaufhaus und der Gott ist der Erschaffer des Kaufhauses und ihre Aufgabe ist es, dass alles rauskommt, dass alles verkauft wird. Auch nur ein Traum. Aber wenn das Auge der Soheit nicht schläft, vergehen die verschiedenen Träume von alleine.

Also, die Aufgabe ist, immer wieder zu diesem Auge der Soheit zurückzukehren. Das Auge der Soheit, das die Dinge so sieht, wie sie tatsächlich sind.

Wenn man sich das menschliche Dasein so anschaut, einen Menschen anschaut, insbesondere wenn man ihn von außen beobachtet – und ihr könnt das alle tun – was macht der eigentlich so? Warum macht er irgendetwas? Was ist letztlich der Antrieb dafür, dass er irgendetwas tut? Warum geht er von A nach B?

Und man kann es eigentlich runterbrechen auf den Wunsch eines Menschen, ein Gefühl erleben zu wollen. Ganz egal, was er tut, am Ende wird er durch ein Gefühl belohnt. Es spielt keine Rolle, was es ist. Ich kann versuchen, Olympiasieger zu werden, mein ganzes Leben darauf ausrichten. Ich kann Tag und Nacht trainieren, nur um das Gefühl zu erleben, wie es ist, Olympiasieger zu sein. Es gibt genügend Menschen, die tun das. Und dann tritt es ein und das Gefühl ist da – ein interessantes Gefühl. Wie lange bleibt das Gefühl? Im Allgemeinen nicht allzu lange, dann verfliegt es, wird Vergangenheit.

Ich kann mein Leben lang einem anderen Menschen nachjagen, weil ich das Gefühl haben möchte, geliebt zu werden. Und wenn es dann passiert, wie lange ist es so, bis das Gefühl wieder vergeht? Ich kann wie versessen versuchen, im Außen etwas Schönes zu erschaffen, die perfekte Schönheit zu erschaffen, aber irgendwie gelingt es nie so richtig. Irgendwas ist nie so perfekt schön, wie man es gerne hätte. Aber das Gefühl, das momentane Gefühl, das bleibt.

Menschen tun am Ende des Tages alles, weil sie ein Gefühl erleben möchten. Das, was im Außen passiert, das, was die Jetzt-Sphäre des Erlebens ausmacht und im Wesentlichen charakterisiert, das sind nicht die Menschen, die im eigenen Wahrnehmungsfeld sind oder das, was vorher geschehen ist oder das, was bald geschehen wird, sondern es ist das *Gefühl*, das man mit diesem Augenblick verbindet. Und da ist der Wunsch nach verschiedenen Gefühlen.

Und ein Mensch wird an Gefühlen einfach nicht satt. Er kann nie genug Liebe bekommen. Nie genug Schönheit sehen. Nie genug Aufmerksamkeit bekommen. Nie genug Anerkennung bekommen. All das sind Gefühle. Und die meisten Menschen machen alles, um irgendeins von diesen Gefühlen oder eine Handvoll von ihnen zu erleben.

Aber was wäre, wenn man Gefühle überhaupt nicht von außen stimulieren müsste? Wenn man ein Gefühl in sich selbst erzeugen könnte? Einfach indem man es wahrnimmt, indem man es aufsteigen lässt. Plötzlich gibt es keinen Grund mehr im Außen zu suchen, im Außen zu betteln, dass einem irgendjemand irgendein Gefühl vermittelt, welcher Art auch immer. Spürt das für einen Moment.

Was wäre das für eine Art von Freiheit? Frei davon, Gefühle über das Außen entstehen lassen zu müssen. Frei, in jedem Augenblick das Gefühl der Wahl emporsteigen zu lassen, und zwar beliebig stark.

Es gibt keine wirklichen Worte, mit denen man das göttliche Bewusstsein beschreiben könnte, das reine Bewusstsein. Das Bewusstsein vor der Trennung. Wenn man so will, sind alle Gefühle, alle positiven Gefühle gleichzeitig dort vorhanden, sie sind gleichzeitig da. Wie im weißen Licht, in dem alle Farben enthalten sind. Es ist ein beständiges, ein beständiges Gefühl und das beste Wort, das mir dafür einfällt, ist Glückseligkeit. Und in dieser Glückseligkeit ist alles enthalten. Nichts fehlt. Nichts muss von außen hinzugefügt werden, es ist absolut vollständig.

Und mit der Trennung passiert Folgendes. Teile von dieser nennen wir es „ursprünglichen Glückseligkeit“ werden verschleiert. Wenn man das Bewusstsein als eine Schwingung auffasst, was ich nicht tun würde, aber ich nehme jetzt einfach mal dieses Bild, und man verringert die Schwingung, dann verhüllt man etwas von diesem göttlichen Bewusstsein, man verschleiert es. Und je tiefer man geht mit der Schwingung, umso mehr verschleiert man.

Ich nenne euch jetzt vier Gefühle. Versucht sie zu fühlen.

Das erste ist Glückseligkeit. Ihr alle hattet einen Moment der Glückseligkeit, und wenn es durch einen Hund ausgelöst wurde, der euch lieb angeguckt hat. Ein Augenblick mit einem anderen Menschen oder mit der Natur. Ein Augenblick, wo man spürt, in diesem Moment ist alles so, wie es sein muss. Es ist einfach nur perfekt. Glückseligkeit.

Das Nächste: Klarheit. Spürt Klarheit. Ihr glaubt, etwas verstanden zu haben, ihr *habt* etwas verstanden, es ist euch absolut klar, ohne jeden Zweifel. Das ist Klarheit. Ich weiß, dass ich weiß. Klarheit.

Als Nächstes: Liebe. Wahlweise Akzeptanz. Liebe ist ein sehr schwieriges Wort. Wählt, was euch näher liegt, Liebe oder völlige Akzeptanz. Ich bin akzeptiert, vollständig angenommen, so wie ich bin, in allem, was ich bin. Fühlt Akzeptanz. Da wird nichts zurückgewiesen, rein gar nichts. Ich muss nichts erklären, ich muss nichts rechtfertigen, muss mich nicht entschuldigen. Völlige Akzeptanz.

Und das Nächste: Sicherheit. Fühlt Sicherheit. Das Gefühl, dass mir nichts passieren kann. Ich bin unversehrbar, nichts kann mich angreifen. Nichts kann mich von hinten anfallen. Nichts trachtet mir nach dem Leben. Nichts möchte mich fressen. Niemand macht mir irgendwas streitig. Ich bin absolut sicher. Fühlt das.

Auf Ebene des göttlichen Bewusstseins sind all diese Dinge immer da. Göttliches Bewusstsein kommt noch nicht mal auf die Idee, in solchen Kategorien zu denken. Es *ist* sicher, es *war* immer sicher, es *wird* immer sicher sein. Das Gefühl, dass es Sicherheit geben könnte, kennt es in dem Sinne überhaupt nicht. Die Frage stellt sich nicht. Und genauso mit den anderen Gefühlen. Aber wenn sich das Bewusstsein weiter, weiter in tiefere Schwingungen hinablässt, dann treten einzelne Aspekte der Glückseligkeit nicht mehr so sehr in Erscheinung. Man spürt ihre Abwesenheit und das ist die Verschleierung. Es ist nicht so, dass diese Aspekte weg wären, sie verschwinden nicht, aber man nimmt sie nicht mehr wahr. Man spürt einen Mangel an ihnen. Und die Gefühle, die ich gerade genannt habe, die korrespondieren zu den wesentlichen Ebenen, auf denen ein Mensch existiert.

Glückseligkeit, das Gott-Selbst eines Menschen, ist im Prinzip immer da. Es scheint immer wie Licht durch die Wolken, auch wenn man die Sonne nicht sieht, aber es ist sehr weit weg.

Klarheit. Klarheit korrespondiert zum Mentalkörper. Aber wann ist der Mentalkörper wirklich klar? Wie oft ist er eben nicht klar, ist er verwirrt? Er vermisst die Perfektion, er vermisst das „Ich weiß, dass ich weiß!" Es wird verschleiert, wird verhüllt und es fehlt das Gefühl von Klarheit.

Akzeptanz, der Emotionalkörper. Plötzlich fehlt mir das Gefühl von Akzeptanz, es ist verschleiert, es ist nicht weg, aber ich nehme es nicht mehr wahr. Plötzlich wird es bedingt. Ich werde akzeptiert, wenn… wenn irgendetwas so ist, wie ich glaube, dass es sein müsste, damit ich akzeptiert werde. Dann erinnere ich mich ein wenig an das Gefühl von Akzeptanz, aber auch nur vorübergehend, denn die Umstände ändern sich dauernd. Der Emotionalkörper sehnt sich nach Akzeptanz. Er möchte nichts mehr als das. Er möchte nur akzeptiert werden. Bitte, bitte akzeptiere mich, wenn es geht, so wie ich bin, ich möchte mich nämlich überhaupt nicht ändern.

Und auf der noch tieferen Ebene, Sicherheit. Wenn man erst mal in einem Körper drinnen ist, dann gibt es das Gefühl von Sicherheit nicht mehr. Dann ist man zum Tode verurteilt. Genau so muss man es ausdrücken. Sobald man glaubt, ein Körper zu sein, wird man sterben. Vorher ist Sterben sehr relativ, man ändert seine Form, okay. Aber sobald man glaubt, ein Körper zu sein, ist man zum Tode verurteilt. Sicherheit ist in einem Körper nie, nie, nie möglich. Spürt das.

Wenn man ganz tief runter geht, wenn man bis auf die Materie runtergeht, bis zum Körper kommt, in der maximalen Verschleierung, da gibt es keine Sicherheit. Guckt euch die Tiere an. Die ach so lieben und süßen Tiere der Natur. Warum ist eine Maus immer so nervös? Guckt immer nach links und rechts, kann keinen einzigen Schritt entspannt geradeaus machen? Ich wüsste da ein, zwei Gründe.

Alles, was ein Bewusstsein macht, das sich auf all diesen Ebenen verschleiert hat, ist: Es versucht das, an das es sich erinnern kann, in der Trennung nachzubilden. Es erinnert sich, dass es so etwas wie Sicherheit gab. Ich spüre jetzt, dass es das gab, denn jetzt fehlt es mir. Also fange ich an, Sicherheit zu konstruieren, baue mir eine Festung, einen Schutzwall mit einem Graben und Krokodilen darin, wenn es sein muss. Und auf die Festung, auf die Brüstung, da platziere ich flüssigen Teer, für alle Fälle.

Im Emotionalen suche ich mir wenigstens *einen* Partner, nicht alle anderen, nein. Es wird reduziert auf ganz wenige, spezielle Beziehungen. Sei es die Familie, sei es ein Partner, alle wären zu viele. Ich kann nicht erwarten, dass mich alle akzeptieren, aber vielleicht, wenigstens, bitte, bitte, bitte, einer oder zwei. Das wäre schon nicht schlecht. Und wenn das passiert, dann nennen wir das Liebe.

Es ist der Versuch, das nachzubilden, was immer da ist, wenn der Schleier weg ist. Einfach nur akzeptiert werden. Und wenn es schon nicht alle sein können, dann wenigstens einer. Das

Nächstgrößere ist dann die Familie. Das Nächstgrößere ist die Gruppe. Das Nächstgrößere ist das Land. Und so weiter. Aber schwierig wird es schon mit denen, die einem ganz nahe sind. Und auf die wird dann alles abgeladen, auf die wird alles projiziert. Und das kann natürlich nicht gut gehen, denn der andere ist auch nur ein Bettler, auch der möchte nur akzeptiert werden. Das ist der Schleier auf der Ebene des Emotionalkörpers.

Auf der Ebene des Mentalen: Ich möchte Klarheit herstellen! Also mache ich mir Modelle von der Wirklichkeit und versuche sie zu optimieren. Ich versuche, mir die Wirklichkeit zu beschreiben. Das gelingt auch auf grober Ebene in erstaunlicher Weise. Man kann wunderbare technische Kunststücke vollbringen, betrachtet von innerhalb des Physischen. Plötzlich gibt es so etwas wie ein Handy, weil man ein paar Regeln, ein paar Abläufe in der Empirie gemessen hat und ausnutzen kann. Aber was hat das zu tun mit dem fundamentalen Wissen „Ich weiß, dass ich weiß“, jenseits von Details?

Und nie kann Klarheit im verschleierten menschlichen Verstand soweit vordringen, dass sie in irgendeiner Art und Weise das göttliche Sein *verstehen* könnte.

Wir haben heute Morgen kurz über die Grenzen der Erkenntnis gesprochen. Unterhalb einer gewissen Größenordnung ist nichts erkennbar, ist nichts beschreibbar. Selbst das wissen eure Mathematiker, eure Physiker, sie wissen es. Wo sind die Konsequenzen? Das klingt gut, aber es ist nur ein Gedanke innerhalb ihres eigenen Glaubenssystems. Er hat keine wirkliche Auswirkung, obwohl es ihr ganzes Glaubenssystem fundamental auf den Kopf stellen müsste. Der Raum hier müsste voll sein mit Quantenphysikern. Sie kommen aber nicht, sie machen ihr Ding weiter. Sie nehmen die Grenzen der Erkenntnis zur Kenntnis, sie beobachten es, sie beschreiben es, sie finden es paradox und sie machen weiter, als wäre nichts. So ist der Mensch. Er lebt in einem Traum und er möchte weiter träumen. „Stört bitte nicht meinen Traum."

Für jede Ebene wird Ersatz gesucht, um diesen Schleier zu überwinden, um das, was einem wirklich fehlt, in der Trennung nachzubilden. Und auf jeder Ebene ist man von vornherein zum Scheitern verurteilt, egal was man versucht. Alles, was man erschafft, ist immer nur vorübergehend. Das ist das Wesen der Polarität.

Ich kann in meinem Körper vorübergehend sicher sein. Jetzt, in diesem Moment, ist da keine echte Gefahr. Aber seien wir ehrlich, jede Sekunde könnte sich der Boden auftun und das Haus könnte verschwinden. Wir haben hier Leute aus Köln, da gibt es sowas schon mal, plötzlich ist das Haus weg. Wer denkt denn an sowas? Zack, oh, das ist ja ein Ding.

Jede Krankheit kann um die Ecke kommen. Ein Amokläufer kann hier hereinkommen, jeder weiß das. Das Essen, das ihr gerade gegessen habt, kann vergiftet gewesen sein, voller Würmer. Ja, das wurde kolportiert.

Es kann keine Sicherheit geben. Und selbst wenn es jetzt im Moment sicher ist, im Moment die Schmerzen erträglich oder gar nicht vorhanden sind, so seid ihr davon überzeugt, im Laufe der Zeit nicht wirklich jünger zu werden. Ihr seit überzeugt, dass ihr den Weg des Irdischen gehen werdet. Und so wird es kommen. Sicherheit kann hier nicht funktionieren.

Um diesen Ersatz zu stabilisieren, fängt man an mit Mustern. Weil ich Klarheit im Kopf nicht herstellen kann, will ich sie ersetzen durch Kontrolle. Ich schaffe mir meine kleine Welt, wenigstens die glaube ich zu verstehen und die möchte ich auch kontrollieren. Und zwar so gut es irgendwie geht, damit auch ja nix passiert, dass nichts in meine Welt eindringt, mit dem ich nicht klarkomme und mir die Klarheit raubt. Das ist das Wesen der Kontrolle. Es ist eine Ersatzhandlung.

Bei den Emotionen habe ich es eben schon gesagt. Die Ersatzhandlung, weil mich nicht alles akzeptiert oder weil ich glaube, dass mich nicht alles akzeptiert, projiziere ich meinen Mangel auf Einzelne und erwarte dann, dass sie mein Bedürfnis befriedigen.

Und bei der Sicherheit, na gut, wenn ich schon nicht sicher bin, dann möchte ich anhäufen, materielle Güter, Schutzwälle, Ritterrüstungen, was auch immer, irgendetwas. Wissen, das mich schützt, von dem ich glaube, dass ich mich dahinter verstecken kann.

Das ist Verschleierung und das sind ihre Auswirkungen. Und jede für sich ist interessant.

Natürlich ist es interessant. Aber es ist komplex, weil es auf so vielen Ebenen gleichzeitig stattfindet. Deswegen reden wir auch hier immer auf so vielen Ebenen, mal von Mensch zu Mensch, mal von Drache zu Mysterium, mal von wahrem Selbst zu wahrem Selbst, weil alles betroffen ist. Alles ist infiziert von diesem Gedanken der Trennung.

Wenn man das aber weiß und wenn man beobachtet hat, wie wir es in den letzten Tagen ab und zu getan haben, wie der Körper eine Auswirkung auf den Geist hat, dass wenn man eine klare Haltung annimmt, sich der Geist ändert, dann kann man so etwas ausnutzen.

Wenn ich weiß, dass ich Gefühle hervorbringen kann, dann kann ich auf eine, wie soll ich sagen, äußerst elegante Art und Weise diesen Mangel, der durch die Verschleierung entsteht, auf den verschiedenen Ebenen heilen.

Ich habe ein Mangel an Akzeptanz, ein Mangel an Liebe, aber ich kann in mir das Gefühl der Liebe hervorbringen. Und sobald ich das kann, dann tritt Ruhe ein. Dann wird vieles einfach nicht mehr so wichtig. Es wird sozusagen vollständig irrelevant.

Aber schon kommt das nächste Problem. Man ist so daran gewöhnt, oder ihr seid so daran gewöhnt, Menschen zu sein, die sich überwiegend über ihre Emotionalkörper in Beziehung setzen, weil sich gewisse Seiten gegenseitig bestätigen. Das ist der Grund, weswegen man jemanden mag. Ich fühle mich in irgendeiner

Form bestätigt. Er bestätigt meine eigenen Glaubenssätze, er bestätigt vielleicht mich selbst. Irgendetwas mag ich an ihm, weil er mir nicht zuwider ist, im Sinne von „er bestätigt mich, er lehnt mich nicht ab“. Also mag ich das und es spielt gar keine Rolle, was es ist, was er nicht ablehnt an mir, sobald ich das Gefühl habe, da ist eine gewisse Gleichförmigkeit, aha, wird Akzeptanz unterstellt und es fühlt sich gut an.

Wenn man das aufgibt, wenn man das nicht mehr braucht, wenn man sich davon befreit, dann kommt man an den Punkt, wo ich gesagt habe: „Ein Mensch, der so etwas tut, der sich von seinem Emotionalkörper befreit, der hört auf, ein begrenzter Mensch zu sein. Man kann ihn nicht mehr einen Menschen nennen.“

Der Emotionalkörper ist trotz aller Wichtigkeit der anderen Ebenen in gewisser Weise fundamental, insbesondere in der Zeit, in der ihr lebt. Ein Mensch, der den Emotionalkörper auflöst, hört auf, ein begrenzter Mensch zu sein. Er ist kein Mensch mehr. Man kann ihn nicht mehr einen Menschen nennen. Er ist ein freies Wesen.

Und deswegen kann er sich eben nicht mehr ohne weiteres mit den anderen wie gewohnt in Beziehung setzen. Und das ist natürlich so eine Sache. Das ist insbesondere nicht *jedermanns* Sache. Was wird mit meinen geliebten speziellen Beziehungen, zu meiner Familie, zu meinen Kindern, zu meinem Ehepartner, zu sonst irgendwas? Was passiert damit? Vielleicht möchte ich das doch besser aufrechterhalten, weil, wer weiß, nachher ist alles weg. Das ist keine einfache Sache.

Die Ebene des Biologischen ist ebenfalls keine einfache Sache. Man sagt es sehr leicht dahin: „Ich sehe, dass ich diesen Körper benutze, dass ich aber nicht dieser Körper bin.“ Es ist sehr leicht daher gesagt, sehr leicht. Aber die Verschleierung, die eintritt, wenn man auf der Körperebene ankommt und das Gefühl entwickelt, nicht mehr sicher zu sein, die hat ja einen Grund. Die hat ja einen Grund.

Als sich Bewusstsein anfänglich im Körper eingelassen hat, mit Materie vertraut gemacht hat, da hat es gespürt, wie biologische Organismen ticken. Es hat gespürt, warum die Maus ständig Angst hat, weil nämlich die Katze um die Ecke wartet und die Katze guckt nervös, weil irgendwo der Adler wartet. Das gräbt sich ein, das sind Verhaltensmuster auf der allertiefsten Ebene.

Selbst ein Einzeller, ein Einzeller hat nur einen Wunsch: Er möchte überleben. Er hat vielleicht wenig sensorischen Input, aber er hat den Willen zu überleben. Und all das ist in euch drinnen. Nicht nur millionenfach. Euer Körper besteht aus 10^{14} Zellen, so viele Nullen, 14 Nullen. Diese Angst verschwindet nicht plötzlich. Da ist ein ständiges Summen von „ich möchte überleben“. Wenn ihr glaubt, ihr seid darüber hinaus, dann hört auf zu atmen und guckt, was passiert. Fragt euch dann mal, wer stärker ist. Und es ist überhaupt nicht in irgendeiner Form zynisch gemeint oder böse gemeint. Das bedeutet einfach, die Realitäten anzuerkennen. Es ist sehr leicht, sich etwas vorzumachen.

Aber Sicherheit kann man fühlen. Sicherheit kann man fühlen. Man erinnert sich daran, ganz schwach. Aber selbst diese schwache Erinnerung, die ist so stark, so viel stärker als jedes *vorgegaukelte* Gefühl von Sicherheit, weil wir ja, keine Ahnung, eine Polizei haben, die für Ordnung sorgt oder etwas Derartiges. Das *echte* Gefühl von Sicherheit, der Unverwundbarkeit, das kann man in sich hervorbringen, weil man weiß, dass man in Wirklichkeit keinen Körper hat.

Ja, da ist immer die Angst vor Schmerz. Das ist immer der Einwand, der kommt. Aber wo kommt denn der Schmerz tatsächlich her? Schmerz heißt einfach nur, er bestätigt mir, dass ich unsicher bin, dass ich verletzlich bin. Es ist die Angst vor der Verletzlichkeit, das ist Schmerz. Und es gibt genügend Beispiele von euren Yogis, die hinreichend lange trainieren und dann ihr Schmerzzentrum ausschalten können. Es funktioniert. Schmerz ist genauso ein Glaubenssatz wie alles andere auch. Es ist nicht einfach, aber dass es geht, ist bekannt. Es funktioniert.

Worauf ich hinaus will, ist, man kann die Eigenschaften, die ihr in der Trennung, in der Illusion der Trennung, habt, für sich nutzen, um die Trennung zu erleichtern und um langsam immer klarer zu sehen, bis das, wovon wir hier die letzten zweieinhalb Tage gesprochen haben, viel mehr wird, als nur eine hübsche Episode. Bis man erkennt, dass es Hand und Fuß hat, und das wird einem dann deutlich, wenn man es selber erlebt. Bis dahin ist es vielleicht nur eine schöne Geschichte, war es ein nettes Wochenende der Entspannung mit tiefen Einsichten. Alles wunderbar.

Erst mit dem eigenen Erleben, wenn man erlebt, dass es in gewisser Weise funktioniert, dann wird es wirkmächtig. Dann kommt die Weisheit ans Tageslicht, die einem erlaubt, die Dinge so zu sehen, wie sie wirklich sind. Die einem erlaubt, dass man nicht dieser Körper ist, dass man einen Körper benutzt, ihn für sich wirken lässt, aber nicht der Körper ist. Dann wird man sich gewahr, dass man keine Akzeptanz braucht, weil das, was man wirklich ist, jenseits der Trennung und daher sozusagen per Definition in vollständiger Akzeptanz ist.

Man kann erkennen, dass Klarheit in der Trennung nicht existieren kann. Und das „Ich weiß, dass ich weiß!“ und „Ich weiß: Ich bin göttliches Bewusstsein!“ jede Frage klärt. Oder besser gesagt jede Frage auslöscht und damit das Gefühl der Unklarheit gar nicht erst entsteht.

Ich habe die Lichtkörperübung angesprochen als Ergänzung zu dem Kultivieren des Gewahrseins.

Das Kultivieren des Gewahrseins ist das Primäre. Die Fähigkeit, den Körper zur Ruhe zu bringen, die Emotionen zur Ruhe zu bringen. In sich eine Atmosphäre zu schaffen, wo das Rad der verschiedenen Träume auf den verschiedenen

Ebenen ein bisschen zur Ruhe kommt, vielleicht sogar für eine Zeit lang anhält. In jedem Fall, dass man in sich ein Gewahrsein schafft, so dass man von den Bewegungen nicht gestört wird, so dass man sehen kann, aha, ich bin auf keiner Ebene meines menschlichen Seins eingesperrt. Ich kann alles beobachten. Und was ich beobachten kann, kann ich nicht sein.

Das Gewahrsein des Körpers alleine, bis zum Ende durchgeführt, führt unausweichlich zu dem, was man Erwachen nennt. Ein Moment des völligen Gewahrseins ist automatisch Erwachen. Man ist das, was man wirklich ist. Man ist im göttlichen Bewusstsein und dann hat man so etwas, was man den perfekten Augenblick nennt, wenn man das Ganze von der Ebene der Zeit aus betrachtet. Ein Augenblick, in dem nichts fehlt, in dem alles gut ist. Wo ich keinen Angriff spüre auf irgendwas. Keine Akzeptanz brauche, weil ich Akzeptanz pur bin. Ich bin Liebe pur. Ohne Grund. Ohne ein Gegenüber. Ich bin Klarheit pur. Da ist keine einzige Frage. Alles ist klar.

Das Kultivieren des Gewahrseins verschafft dann diese Augenblicke. Das Kultivieren des Lichtkörpers ist in gewisser Weise, wie soll man es ausdrücken, eine Fortsetzung. Und sie ist in erster Linie interessant für Wesen, die tatsächlich vorhaben hierzubleiben. Wenn ich nicht vorhabe hierzubleiben, dann reicht es mir, diesen Augenblick des reinen Gewahrseins zu verwirklichen. Und dann kann ich sagen: „Tschüss! Und

Tschüss!" Einfach so. Eine bewusste Entscheidung. Ich geh dann mal. Jetzt war gerade mal alles ruhig. Ich sehe den Weg. Ich sehe buchstäblich das Licht. Dann gehe ich da mal hin und hinter mir mache ich die Tür zu. Und ob da noch ein Traum ist, der sich weiterdreht, das ist mir grad egal. Der wird vergehen, weil mein Auge der Soheit ab sofort nicht mehr schläft. Das ist möglich. Das ist möglich.

Man kann in sich auch den Wunsch hegen, noch länger hierzubleiben. Und das wird einem nicht gelingen, indem man seinen Körper verbessert. Das ist der fundamentale Punkt, den man absolut verstehen muss. Genau wie man Erwachen nicht erschafft, weil es schon da ist, erschaffe ich nicht meinen Lichtkörper von der menschlichen Ebene aus.

Der Lichtkörper ist eine Intention, gehalten auf der Ebene des wahren Selbst. Und auf dieser Ebene – manche nennen es die kausale Ebene – da ist der ganz große Hebel. Da setze ich eine, wenn man so will, bewusste Ursache. Ich halte ein Bild vor den Diaprojektor oder vor den Filmprojektor. Und alles Licht, was da durchfällt, wird dieses Bild in Aktion bringen. Ich halte von der Ebene des wahren Selbst aus die Intention, einen Lichtkörper zu haben. Man könnte auch sagen, ich projiziere mich bewusst in den Traum der Trennung.

Wesen, die nie in der Trennung waren, werden es nicht verstehen. Die wollen *richtig* rein, weil sie nicht wissen, was es heißt, nicht mehr rauszukommen. Aber diejenigen, die drinnen waren und die auch Mitgefühl entwickelt haben und die sich nicht zuletzt vielleicht irgendwann vor langer Zeit versprochen haben: „Okay, wir wissen nicht was passiert, wir gehen da mal rein, aber wer zuerst herauskommt, der hilft den anderen.“ Das ist nicht so dahingesagt. Es ist ein tiefer Wunsch. Und jeder, jeder der einmal hier auf der Erde inkarniert war, der weiß, wie schwer es ist, wieder herauszukommen.

Ich, als Althar, als Drache, ich kann mir das nicht wirklich vorstellen. Aber ich sehe die Menschen und ich sehe, dass sie aufrichtig sind. Ich sehe, dass sie sich in gewisser Weise Mühe geben. Sie wünschen sich nichts mehr, als zu erwachen. Sie wünschen sich nichts mehr, und dennoch, und dennoch ist es nicht wirklich einfach, weil alles so komplex geworden ist.

Trennung erschafft immer mehr Trennung, auf allen Ebenen, und Trennung möchte sich selbst erhalten, mit allen Mitteln. Trennung ist nicht irgendwie das Böse, das einen zurückhält, aber es ist eine Eigenschaft der Trennung. Der Magnet ist nicht böse, bloß weil er irgendwas anderes anzieht. Es ist einfach seine Eigenschaft. In der Trennung ist es einfach so, dass sich Trennung erhalten möchte. Biologie möchte sich erhalten. Der Atomkern möchte nicht auseinanderfliegen und so weiter… und das gilt auf allen Ebenen.

Also gibt es den einen oder anderen, der erkennt: „Okay. Okay, eigentlich bin ich durch. Ich bin raus. Ich habe es verstanden. Ich habe es realisiert. Ich habe es in der Tiefe verstanden.“

Aber, wie heißt es so schön, in der Geschichte von Kuan Yin? Sie ist dabei zur Himmelspforte zu schreiten, aber dann hört sie die Rufe der Menschen, die einfach noch auf der Suche sind und sie schafft es nicht. Sie geht zurück. Sie hilft. Und sie wird oft dargestellt mit den tausend Armen, um überall helfen zu können. Sie macht den Wackel-Dackel für alle. Sie sagt: „Es ist okay, ist okay. Ich bin ja da. Was du glaubst, was dir fehlt, das ist da. Indem ich da bin, kannst du es vielleicht sogar fühlen. Es ist gut so, wie es ist. Entspann dich. Du musst nichts machen. Da ist ein wenig Schleier, ein wenig Traum. Aber da ist auch das Auge der Soheit, das du nie verloren hast. Du kannst es aufmachen. Und egal wie lange es dauert, bis es beständig aufbleibt, ich bin da, denn ich bin jenseits der Zeit. Genau wie Althar, genau wie ein Yeshua, genau wie ein Buddha bin ich jenseits der Zeit. Wir sind immer da. Es gibt keinen Grund zur Eile."

Der Lichtkörper ist eine bewusste Intention gehalten auf der Ebene des wahren Selbst. Er ist einfach nur da. Punkt. In Perfektion.

Die Aufgabe des Menschen ist zuzulassen, dass das in Aktion tritt, was die Biologie immer macht: Sie imitiert. Sie imitiert. Imitation. Nachmachen ist das, was Natur macht.

Wenn der menschliche Körper in einer angenehmen Atmosphäre ist, einen Raum betritt, wo alle ruhig sind, gefasst, dann wird er ebenfalls ruhig und gefasst. Wenn er in einen Raum geht, wo Tohuwabohu herrscht, wo alle aggressiv sind, dann wird er auch leicht aggressiv. Es ist nicht einfach, sich dem zu widersetzen, schon gar nicht auf Dauer. Deswegen ist das Massenbewusstsein so verheerend. Man kann sich ihm auf Dauer nicht wirklich entziehen. Man kann nicht auf Dauer im Wasser stehen und nicht nass werden.

Der Lichtkörper ist eine Intention des wahren Selbst, die sich buchstäblich um den physischen Körper legt, in einer beliebigen Ausdehnung. Es ist euch überlassen. Was euch angenehm ist. Und es durchdringt diesen physischen Körper. Und das Hervorbringen, das bewusste Hervorbringen von Gefühlen in dem Lichtkörper, nicht im menschlichen Körper, im Lichtkörper, wo sie dann in völliger, buchstäblicher Perfektion, in ihrer Essenz vorhanden sind, das wirkt auf den biologischen Körper. Und der imitiert es, er kann gar nicht anders. Er macht das nach, was um ihn herum ist.

Und der Mensch hat nur eine Aufgabe: Diesen Prozess nicht steuern zu wollen. Und er will ihn immer steuern. Egal, was ihr euch selbst erzählt. Egal, was ihr euch selbst erzählt, irgendwas glaubt ihr immer verbessern zu können. Ah, ich habe da ein Zwicken in der Schulter. Ah, vielleicht mache ich da mal besonders viel Licht hin mit meinem Lichtkörper. Und tatsächlich funktioniert das sogar. Aber ihr wisst, worauf das hinausläuft. Es ist wieder ein *Machen*. Ein Eilen von Sphäre zu Sphäre, und plötzlich wird wieder einmal das Höchste zu einem Werkzeug und verliert so seine eigentliche Wirkung. Oder es entfaltet ein wenig Wirkung, aber es hält selbigen Menschen in dem Ursache-Wirkungs-Schema gefangen. Aber wir arbeiten hier auf einer Ebene *jenseits* von Ursache und Wirkung.

Der Mensch lässt zu, dass sich der biologische Körper einfach anpasst. Und wenn er umhüllt ist von Akzeptanz, dann passiert etwas mit diesem Körper. Er fängt vielleicht an zu zucken, irgendwelche Muskeln zucken und sofort kommt der Menschen und sagt: „Upps! Was ist das denn? Da muss ich mal vielleicht irgendwas dran machen, damit das nicht immer so zuckt. Wie sieht das denn aus?" Oder es wird einem heiß oder kalt oder Ängste kommen hoch. Emotionen aller Art kommen hoch.

Damit der menschliche Körper überleben konnte, musste er so handeln. Und es ist in keiner Form, in irgendeiner Art und Weise hier zu verteufeln oder schlecht zu machen. Es hatte natürlich seine Funktion.

Aber in dem Moment, wo man sich dieser Lichtkörper-, ich nenne es Übung, hingibt, lässt man das los. Man erlaubt, dass die Biologie des Menschen sich dem anpasst, was um sie herum ist. Alle Atome, alle Zwischenräume, alle Elektronen, alles wird geflutet von einem Gefühl. Ein Gefühl, sagen wir der Sicherheit. Dann wird es seine Spuren hinterlassen, und zwar auf eine nichtlineare Weise. Nicht auf eine Weise, wo die Reihenfolge vom Verstand diktiert wird.

Der Körper kann mit Krankheiten übersät sein, der Körper kann mit Krankheiten übersät sein und natürlich möchte der Mensch seine Krankheiten heilen. Aber sobald er anfängt, es zu richten, es steuern zu wollen, ist er wieder in dem Kontrollmodus. Mir fehlt die Perfektion, kein Problem, dann kontrolliere ich mal das, was ich kontrollieren kann. „Hey Licht, da unten links, da ist gerade ein Tumor. Geh da mal rein und mache mal ein bisschen heller.“ Bullshit! So läuft das nicht. Das Gegenteil wird passieren. Und das ist in niemandes Interesse.

Der Mensch hat nur eine Aufgabe. Er muss es zulassen. Er muss loslassen. Er muss die Kontrolle über das Geschehen in seinem Körper loslassen, während er sich in diese Übung begibt. Und wohlgemerkt, wir sprechen hier nicht davon, dass irgendein höheres Wesen irgendetwas mit einem tut. Überhaupt nicht. Es ist das eigene wahre Selbst, das eine Intention hält. Und der Mensch ist von diesem wahren Selbst überhaupt nicht getrennt. Man selbst hält diese Intention ohne jeden Zweifel, in absoluter Gewissheit, und sie ist da in absoluter Perfektion. Und wann es sich in der Welt der Form manifestiert, ist irrelevant, denn Erwachen findet nur im Augenblick statt.

Das ist sehr schwer für einen Menschen zu akzeptieren, sehr, sehr schwer zu akzeptieren. Aber wenn man es tut, kann man sein Leben gegebenenfalls so ausrichten, dass es zum Wichtigsten im eigenen Leben wird und es nicht nur das Sahnehäubchen nach einem anstrengenden Tag ist. „Ah, jetzt noch ein bisschen Entspannung im Lichtkörper, mmh, das fühlt sich gut an". Und das fühlt sich wirklich gut an. Es steht jedem frei, so etwas zu tun. Aber wir sprechen hier von der höchsten Praxis. Ihr werdet nichts finden, dass in irgendeiner linearen Weise funktioniert. Es gibt keine Technik.

Es gibt das Sich-Hingeben. Buchstäblich. Den Körper dem überlassen, was er wirklich kann – sich um sich selber kümmern.

Wenn dann Sicherheit auf der untersten Ebene gefühlt wird, dann ist schon mal viel gewonnen. Der Schleier beginnt sich zu lüften. Vertrauen wächst. Man ist nicht mehr so beschwert. Wenn man in sich Akzeptanz spürt und diese immer häufiger spürt, dann ist es einem wirklich irgendwann absolut Wurst, was irgendjemand über einen sagt. Man kann einfach in sich glücklich sein. Grundlos glücklich. Man muss sich noch nicht einmal bemühen, es in irgendeiner Form auszustrahlen. Es strahlt einfach aus. Spannenderweise, in der Sekunde kommt es auch meistens als etwas Positives zurück. Aber selbst wenn nicht, ist das auch egal, weil, man ist ja schon perfekt akzeptiert.

Ich kann die Kontrolle über meine Gedanken aufgeben. Ich muss nicht alles kontrollieren. Ich kann das zulassen, was man Synchronizitäten nennt. Und alle haben Erfahrungen damit. Alle haben auch Erfahrung damit, dass es gerade mal nicht funktioniert. Das ist dann natürlich schlecht. Dann ist das sofort der Beweis, dass man vielleicht doch ein bisschen besser kontrollieren sollte, einfach nur, um auf Nummer sicher zu gehen.

Aber im Laufe der Zeit, während man diese Übung macht, kann man die Kontrolle loslassen. Man muss keinen Plan machen. Dann, wenn man, ich sag mal, aus dieser Übung aufsteht und in den Modus zurückgeht, der einem als Mensch noch eigen ist, dann gibt es keinen Grund, alles Menschliche zu verleugnen, denn das wäre auch nicht wirklich natürlich.

Es ist immer das Paradox. Es ist der Tanz auf der Rasierklinge. Wenn ich es erzwingen möchte, wird es schwierig. Wenn ich nichts mache, bleibt es schwierig. Schwieriges Ding. Schwieriges Ding. Es hilft nur Ehrlichkeit mit sich selbst. Man kann sich alles Mögliche vormachen und das fühlt sich sogar richtig gut an, richtig gut. Eine Zeit lang.

Und jeder kennt das. Jeder hat Phasen, wo alles richtig gut läuft. Wo die Umstände einem genauso in die Karten spielen, wie man es gerne hätte. Aber irgendetwas passiert dann und schon dreht sich das Karussell weiter, und plötzlich ist das alles nicht mehr ganz so, wie man es gerne hätte. Und dann fragt man sich: „Was habe ich wieder falsch gemacht?“

Die Kontrolle loslassen heißt auch, aus der Zeit herauszutreten. Ja, es wird Früchte innerhalb der Zeit geben. Aber das ist nicht der Grund, weswegen man es tut. Es geht nicht darum, die nächstbeste, schönste Jetzt-Sphäre zu erreichen, wo ich entspannt am Pool liege und mir die Trauben in den Mund wachsen. Das kann man haben, aber dazu braucht man keinen Lichtkörper. Da geht man in den Club Méditerranée und gut ist.

Hier geht es um das Verkörpern des göttlichen Menschen. Und Zeit spielt keine Rolle. Ob es in diesem Leben geschieht oder im nächsten oder im vorigen. Wenn das eine Rolle spielt, wird es sehr, sehr schwierig bis unmöglich. Aber diese Einstellung zu haben ist nahezu unmenschlich.

Aber, wenn man das Gewahrsein kultiviert, wird man fühlen, dass sich das Sein um einen herum ändert. Man spürt es. Man weiß in sich, ja, ja, alles hat noch einen gewissen Schwung. Und der Schwung hört nicht plötzlich auf, bloß weil ich mal aufgehört habe, in die Pedale zu treten. Aber es wird leichter. Selbst wenn da Schmerzen sind, ist der Schmerz nicht mehr ganz so schlimm.

Das ist eine der wichtigen Erfahrungen, wenn man Zen-Meditation macht. Man setzt sich hin, der Rücken aufrecht, die Beine gekreuzt, aber das ist man in Europa nicht gewohnt, da sind dann irgendwo immer Schmerzen. Und wenn man das zum ersten Mal macht, sagt man sich: „Wie kann man so bescheuert sein und so etwas tun?“ Aber irgendwann merkt man, „Oh, hoppla, dieser Schmerz, ja, da ist Schmerz, aber der ist ja gar nicht so wichtig, wie ich dachte. Und obendrein geht er auch noch weg. Ich *bin* ja gar nicht der Schmerz. Ich sterbe auch nicht daran, wenn mein Bein einschläft. Ich kann es loslassen. Ich kann darüber hinaus gehen, es ist nicht ganz so wichtig.

Es ist nicht lebensbedrohlich." Man spürt es, das Leben wird einfacher, weniger dramatisch – ganz langsam, ganz langsam.

Das Erfahren in der Materie ist sehr langsam. Erst ändert sich der Geist, dann kommt in Zeitlupe hinterher das Äußere. Aber wartet nicht darauf. Erwachen geschieht immer nur in diesem Augenblick, ganz egal, was im nächsten Augenblick passiert.

Wenn eines Tages dann der Zeitpunkt kommt, wo ihr wisst: Jetzt ist es soweit, ich stehe vor der Entscheidung: „Gehe ich oder bleibe ich?" Es ist eure Entscheidung. Keiner kann euch irgendetwas vorschreiben, denn es gibt sozusagen keinen. Und die Akzeptanz ist vollständig. Sie ist vollkommen, egal, was ihr wählt. Es ist eure freie Entscheidung.

Aber eins kann ich euch versprechen, wenn ihr bereits die Erfahrung gemacht habt, in dem Leben, wo das stattfindet, dass es möglich ist, mit einem Lichtkörper eine bewusste Projektion zu erzeugen und darin bewusst zu sein, dann seid ihr, wenn ihr an dieser Schwelle steht, in einer anderen Position. Ihr könnt anders entscheiden. Ihr seid nicht so wie: „Och! Wieder zurück in irgend so einen Körper, der schmerzt, in eine Umgebung, die einfach nur ätzend ist." Nein. Ihr wisst, dieser Körper ist jetzt das, was wir Lichtkörper nennen. Ihr habt keine Anhaftungen mehr, die Muster sind weg. Ihr könnt euch bewusst bewegen. Ihr könnt bewusst die Sphäre wählen, die ihr als Nächste erleben wollt.

Das ist eine Option. Keiner ist gezwungen, irgendetwas zu machen. Die Lichtkörperübung, die wir morgen dann im Detail nochmal machen werden, ist eine Hilfe, die Illusionen benutzt, um Illusionen aufzulösen. Oder besser gesagt, in diesem Fall hilft sie, die Schleier zu lösen. Die Schleier, die entstehen, wenn sich Bewusstsein absenkt und dadurch das Gewahrsein gewisser Aspekte seiner selbst verliert.

Es gibt viele Traditionen, die vielleicht zu Recht derartige Unterweisungen nur nach Jahrzehnten der Übung und der Initiation weiterreichen. Die Tibeter zum Beispiel. Wo dann irgendwann der Meister dem Schüler das größte Geheimnis verrät: *Bewusstsein ist.* Punkt.

Warum ist das so? Weil der Mensch reif sein muss, die einfache Lösung zu akzeptieren. Und keiner ist dafür reif von Anfang an. Gerade wenn man jung ist, aber auch wenn man schon reif ist an Erfahrung, ist da immer noch die Biologie, die Hormone, irgendwelche Relikte aus anderen Leben, die da noch mit reinspielen. Der Wunsch, das ganz Große, die ganz große Enthüllung zu verbreiten.

Die einfachsten Unterweisungen kommen am Ende, weil sie nur von denjenigen akzeptiert und angenommen werden können, die wirklich reif sind. Die soweit gereift sind, dass Erwachen nur noch einen Augenblick entfernt ist. Es fehlt nur noch ein Windhauch, damit der Apfel dann doch vom Baum fällt, nachdem er lange gereift ist.

Aus Sicht eines menschlichen Lebens kann es nie schnell genug gehen. Aber erinnert euch an das, was wir heute Morgen gemacht haben. Wir haben uns ein paar Äonen angeschaut, mal eben so. Ein Leben mehr oder weniger sollte da doch keine Rolle spielen. Es spielt keine Rolle.

Hier, jetzt, in diesem Augenblick findet Erwachen statt. Das ist das, was man sich merken sollte. Zeit kollabiert. Zeit ist eine Illusion. Zeit ist eine Abfolge von Jetzt-Sphären, die sich selber erhalten, die die Illusion aufrechterhalten.

Ich möchte noch einen letzten Punkt ansprechen. Das eine ist, was passiert, wenn man sein Gewahrsein kultiviert. Es ist eine *Dekonditionierung*. Die Muster werden aufgelöst, indem man ihnen keine weitere Energie gibt. Indem man sie nicht weiter ausführt. Man beobachtet sie. Indem das Gewahrsein stärker wird, kann man sie immer früher beobachten, kann immer früher daraus zurücktreten. Man befreit sich immer mehr von allen Arten von Reiz-Reaktions-Schemata, und zwar auf allen Ebenen des Seins. Von der Zelle angefangen bis zum Kausalen. Man wird immer freier. Man kann immer mehr agieren. Man kann immer freier wählen. Man wird immer weniger gebunden an Reaktionsketten, die automatisch ablaufen. Das ist Dekonditionierung. Das ist die Frucht der Praxis, wenn man das Gewahrsein kultiviert.

Aber es gibt auch noch etwas anderes, und das ist das *Desensibilisieren*. Und die Allermeisten werden es schon erlebt haben oder werden es früher oder später erleben. Wenn man sich dem, was man göttliches Bewusstsein nennt, nähert, dann spürt man eine enorme Intensität. Das ist der Grund, weswegen früher und auch heute noch, die Menschen, die wirklich tief gehen, so oft das Göttliche ins Außen projizieren. Es ist zu stark. Es ist unvorstellbar. Es ist so schön. So grandios. So klar. So liebevoll. Kein Superlativ ist ausreichend. Und ich, Mensch, habe damit etwas zu tun? Das ist schwierig. Das ist für jeden schwierig.

Wenn man sich dem nähert, kommt ganz automatisch das Gefühl: „Oh, ich muss zurückweichen, es ist zu intensiv…" – denn da ist noch die Ebene der Biologie, der Wunsch nach Sicherheit, die Angst vor Auslöschung. Gehe ich einen Schritt näher in dieses Licht, dann verdampfe ich. Und die Biologie schreit auf. Und nicht nur die.

Desensibilisierung, sich vertraut machen mit dieser Intensität, zulassen, dass diese Glückseligkeit graduell stärker wird. Nicht davonrennen, aber auch nicht darin verdampfen und plötzlich abtreten. Aber das passiert ab und zu. Das ist nicht einfach. Und man muss auch da einfach nur mit sich ehrlich sein. Es geht nicht darum, hier den Harten zu geben und zu sagen: „Na das mache ich schon. Hab schon mal in die Sonne geguckt, hat ein bisschen geblitzt und so … musste die Augen zukneifen, aber danach war gut." Es ist existenziell. Buchstäblich.

Das, was der Mensch glaubt zu sein, wird ausgelöscht. Es wird ersetzt durch etwas Grenzenloses. Desensibilisierung ist die Frucht der

Lichtkörperübung. Man macht sich damit vertraut. Man erlaubt, diese Intensität in der Biologie auszuhalten. Und sie wird anfänglich alle Arten von Reaktionen hervorrufen, man wird schwitzen, man wird alles Mögliche machen, man wird hyperaktiv – das ist eines der Symptome. Man setzt sich dem aus, und man ist plötzlich mit einer Energie gefüllt, die man nicht kennt, man möchte Bäume ausreißen. Und was tut der Mensch? Er läuft los und reist Bäume aus. Er macht die nächsten Projekte. „Boa, jetzt habe ich Power" – und er hat sie. Aber das ist nicht Sinn der Sache. Das ist nicht Sinn der Sache.

Es ist eine heikle Geschichte und das Normale ist, und ich als Althar habe viel gesehen, glaubt mir das, die Menschen gehen da rein und dann laufen sie los, voller Kraft, frisch aufgetankt. Finger kurz in die Steckdose – brtt – und dann: Action. Genug ist nicht genug. Gib mir mehr. Irgendwann ist der Saft wieder alle, alles bricht zusammen – „Ah, da war doch was, ich versuche es nochmal mit der Lichtkörperübung."

Wenn man Reife erlangt, wenn man Weisheit erlangt, akzeptiert man voller Weisheit die Dinge, wie sie im Moment sind. Man lässt zu, dass sich die Form anpasst, an das, was um sie herum ist. Ohne Absicht. Ohne Absicht.

Deswegen ist es die höchste Initiation, die normalerweise gegeben wird. Gibt man sie zu früh, verpufft sie. Und das ist nicht gut, weil eine Weisheit, die einmal abgelehnt wurde, sehr lange braucht, bis sie eine zweite Chance bekommt.

Meistens bekommt sie die nicht im gleichen Leben.

Aber glücklicherweise sind wir hier außerhalb der Zeit, also macht euch keine Sorgen. Diese Weisheit ist bei euch, sie wächst in euch, mit euch. Es ist eine Weisheit, die befreit, die nichts von euch möchte, die alles andere als irgendetwas möchte. Sie ist nämlich schon das, was ich expandierende Perfektion nenne. Und das seid ihr. Ihr seid es schon. Ihr wisst es vielleicht noch nicht auf jeder Ebene eures Seins oder ihr wisst es nicht pausenlos.

Raum, Zeit, Verschleierung. Das ist das, was den menschlichen Daseinsbereich ausmacht und von vielen anderen Daseinsbereichen unterscheidet. Völlige Verschleierung auf allen Ebenen. Völliges Vergessen, wer man ist. Und nur hier kann die größte Frucht hervorkommen. Deswegen wollen alle inkarnieren. Deswegen wollen so viele Wesen zur Erde. Deswegen schauen uns so viele zu.

Desensibilisierung heißt dann auch, sich einzugestehen, wann es genug ist. „Ich bin überreizt." Das ist bei dieser Übung das einzige Signal des Körpers, das akzeptiert wird. Wenn der Körper signalisiert, jetzt ist es gut, dann hört man damit auf.

Ich bekomme signalisiert, jetzt ist gut, jetzt lass mal, heute war intensiv. Morgen ist ja auch noch ein Tag.

Also, wir haben den Schleier gelüftet, auf allen Ebenen. Und Zeit spielt keine Rolle. In dem Sinne kann man nur sagen, alles ist gut so, wie es ist. Und es gibt keinen Grund, heute Abend nicht ein bisschen Party zu machen.

Nichts ist nur gut, nichts ist nur schlecht. Also habt wenigstens Spaß. Lacht, lacht. Lachen. Freude. Humor ist das Beste, was einem passieren kann. Und genießt Humor, denn Humor ist ohne Trennung ein schwieriges Unterfangen.

In dem Sinne, es war mir erneut eine Freude, bei euch zu sein, in allen Inkarnationen, in allen Formen, wackelnd oder nicht wackelnd.

Ich bin Althar, der Kristall-Drache.

8. Die Lichtkörper-Übung – IIa

(Musik: „Feel“, von *Robbie Williams*)

Ich bin Althar, der Kristall-Drache.

Nehmt euch ein wenig Zeit zum Fühlen, denn heute ist etwas anders, sehr anders.

*

Wir haben hier, was ich einen universalen Moment nenne. Ein universaler Moment.

Er findet statt. Ihr könnt es fühlen, aber irgendwie sind wir jenseits der Zeit. Jenseits des Zeit-Stranges, den ihr gerade glaubt mit eurem menschlichen Körper entlang zu laufen und der euch wichtige Termine verschafft, heute, morgen. Ganz egal wer kommt, und wenn es Jesus persönlich ist und euch die Hand auf die Schulter legt und fragt: „Bist du bereit?“ Und die Antwort ist: „Im Prinzip schon, aber ich muss eben noch…“

Das hier ist ein universaler Moment. Er ist real. Er ist so viel realer als alles das, was ihr glaubt, was real ist. Und es spielt keine Rolle, an welche Stelle in eurem Faden aus Zeit ihr diesen Moment einfügt, denn er ist von überall aus zugänglich, von überall aus. Er ist jederzeit verfügbar und ihr habt ihn bereits einmal erlebt.

Ein universaler Moment. Uni – Eins.

Es ist eine Jetzt-Sphäre, die alles andere enthält, und ihr könnt es fühlen. Diese Jetzt-Sphäre, diese universale Jetzt-Sphäre symbolisiert etwas.

Einige haben es bereits gefühlt.

Manchmal ist es interessant, wie innen und außen zusammenspielen, nicht wahr? Plötzlich wacht man morgens auf und alles ist draußen ein wenig weiß, so rein, so hell, so anders. [Anm.: Über Nacht war Schnee gefallen.]

Es ist eine Neugeburt. In diesem universalen Moment findet eine Neugeburt statt. Eine Neugeburt jenseits der Zeit, jenseits des Raumes, jederzeit zugänglich. Jeder von euch weiß, dass es für euch auch irgendwo in der linearen Zeit stattfinden wird und intuitiv wisst ihr, dass der Moment immer näher kommt, indem ihr diesen universalen Jetzt-Moment zu eurer einzigen Realität werden lasst.

Neugeburt heißt immer auch Abschied nehmen. Abschied von dem, was man gewohnt ist. Wenn man so viele Äonen im Bereich der Trennung verbracht hat, dann hat man vieles lieb gewonnen. Andere Wesen, Gewohnheiten, die Natur, und irgendwie ist das Gefühl da, dass man das loslässt. Dass, um diesen universalen Jetzt-Moment erleben zu können, man das loslassen muss, fast so, als müsste man ein Opfer bringen. „Wenn ich das nicht loslasse, dann kann ich auch nicht in diesen universalen Jetzt-Moment eintreten."

Aber nichts könnte falscher sein. Nichts könnte falscher sein.

So etwas wie Opfer gibt es nur in der Trennung. Das Gefühl, etwas verlieren zu können, gibt es nur in der Trennung. Und ist es nicht verrückt, ist es nicht wirklich verrückt, weil man Angst hat, etwas verlieren zu können, bleibt man in der Trennung. Anstatt die Trennung einfach loszulassen und festzustellen, dass das, was man glaubt verlieren zu können, sowieso immer da ist, nie weg sein kann, nie weg war.

Wir haben sehr viel über Symbole gesprochen und mit Symbolen gearbeitet. Alles, was ihr glaubt loslassen zu müssen, ist ein Symbol des Festhaltens. Ein liebes Haustier geht, es soll nicht gehen, man möchte es festhalten. Ein Partner geht, ein Elternteil, ein Kind.

Loslassen existiert nur innerhalb der Trennung. Nur innerhalb der Trennung kann so etwas wie der Gedanke an ein Opfer aufkommen. Sobald die Trennung aufgelöst ist, wie jetzt in diesem Jetzt-Moment, könnt ihr die Dinge sehen, wie sie wirklich sind, mit dem Auge der Soheit, mit dem göttlichen Blick.

Trennung war nur eine Illusion, ein Gedanke. Und weil er denkbar war, wurde er erlebt und abgelegt. Dennoch hat der Mensch immer wieder das Gefühl der Traurigkeit, der Melancholie, wenn er sich auf diesen einen Augenblick zubewegt, und das ist okay. Das ist okay.

Wann immer ein solches Gefühl aufkommt, umarmt es. Es erinnert euch an euren Weg, an eure Erlebnisse, an all eure Träume. Aber die Träume sind nicht weg, sie können nicht weggehen. Sie bleiben erhalten, aber ihr könnt sie dann sehen als das, was sie sind.

Genau wie ein Körper, wenn man ihn in seine Einzelteile zerlegt, in viele kleine Zellen, auf jeder Ebene seines Seins absolut getrennt aussieht, so ist er doch in Wirklichkeit eine Einheit, alles spielt irgendwie zusammen. Die Trennung ist nur vorgestellt. Zellwände kann man sehen, aber wo ist innen und wo ist außen? Wo hört eine Zelle auf, wo fängt die andere an? Da ist so viel leerer Raum überall.

Wenn man sein Leben betrachtet, alle Erlebnisse, alle Begegnungen, wo sind da die Trennungen tatsächlich? Man kann sich mit allem versöhnen. Wenn man seine Begegnungen mit anderen Menschen betrachtet wie seinen eigenen Körper, dann ist plötzlich alles wie ein Organismus. Es verliert die Schärfe, es verliert jeden Sinn, außer dem Sinn des Erlebens der Trennung.

Wenn ihr die Erde von außen seht, habt ihr sofort ein Gefühl – das ist schön – und ihr könnt alles was auf dieser Erde stattgefunden hat als einen einzigen Organismus sehen, der in Wirklichkeit ohne jede Trennung funktioniert, der einfach nur da ist. Das ist das göttliche Auge der Soheit. Es sieht die Dinge wie sie sind. Wo es hinschaut, sieht es nur sich selbst.

Manche von euch haben in diesem Leben oder auch über viele Leben hinweg treue Begleiter. Seien es Lehrer oder seien es nicht-physische Wesen, und auch bei denen hat man das Gefühl, man muss sie loslassen. Es schmerzt. Es ist wie ein Opfer. Aber in Wirklichkeit, in Wirklichkeit, gibt es keine Trennung, zwischen gar nichts. Das was euch, sagen wir im Nicht-Physischen, so lange begleitet hat, manche nennen es einen Schutzengel oder eine sonstige Wesenheit oder ein Althar, ein Buddha, ein Yeshua, ein St. Germain, wer auch immer. Was immer ihr wahrgenommen habt, als eine Hilfe für euch, die euch gestützt hat, von diesem universalen Jetzt-Moment aus betrachtet könnt ihr sehen, dass es einen Zeitpunkt gibt, an dem man auch das loslassen muss. Ja, es war eine Hilfe. Ja, natürlich war es eine Hilfe. Es war eine Illusion, die geholfen hat, Illusionen aufzulösen. Eine Illusion, die ihr euch selbst geschickt habt, um euch zu helfen, um euch aus diesem Experiment der Trennung aufzuwecken.

Es kommt der Zeitpunkt, an dem ihr überhaupt keine Beziehung mehr braucht, zu nichts. Wo ihr keinerlei Spiegelung braucht. Das ist der Ausdruck des göttlichen Seins. Ein wahres Selbst in Ausdruck, das die Idee eines abgeschlossenen Selbst losgelassen hat.

Es gibt viele Hilfen, die man einem Wesen anbieten kann, das innerhalb der Trennung ist. Einem Wesen, das sich auf das Erwachen zubewegt und dabei ist, alles loszulassen und das auch erwägt, anschließend in einer anderen Form hierzubleiben. Einer Form, die man nicht wirklich beschreiben kann, wenn man im menschlichen Denken hängt. Auch diesen Wesen kann man symbolhaft eine Hilfestellung anbieten. Aber dieses Symbol ist so viel mehr als ein Symbol, und wir werden es heute hier versuchen.

Wir haben einen Gast.

Ein Gast, der nie inkarniert, nie in der Trennung war. Ein Wesen, das seit einigen Monaten für Jochen spürbar ist und das unglaublich schwierig in Worte zu packen ist, weil Worte es nicht ausdrücken können. Deswegen die Musik. Es macht sich über die Musik bemerkbar. Es ist eingewoben in die Musik. Dieses Wesen nennt sich Ila. Ila. Ein Name, den ihr vermutlich noch nie gehört habt und das ist genauso beabsichtigt.

Ila hat sich vorgestellt als die ungeborene Göttin des weiblichen Seins.

Als Jochen das zum ersten Mal wahrgenommen hat, war er überhaupt nicht zufrieden mit dem Ausdruck, weil *Göttin*... das Vermischen von kleinen menschlichen Problemen wie Artikeln, der, die, das, mit einem solchen Ausdruck ihm ungemein widerstrebt. Aber es kommt dem Gefühl am nächsten. Die ungeborene Göttin des weiblichen Seins. Ila.

Ila ist gleichzeitig ein Symbol und sie ist real. Ila war nie inkarniert. Sie war vor der Trennung und sie ist nach der Trennung. Aus der menschlichen Perspektive würde man sagen, Ila ist absolut rein. Ihr habt keine Beziehung zu ihr, keine gemeinsame Geschichte, und genau das ist beabsichtigt.

Eben in dem Lied hieß es, „I want to contact the living" – „Ich möchte die Lebenden berühren", wie Kuan Yin mit ihren tausend Armen. Aber Ila, Ila war nie inkarniert. Es ist Mitgefühl.

Es ist Glückseligkeit, die absolut ungetrübt ist. Sie weiß, das hier ist ein Traum. Man muss nicht im Traum gewesen sein, um zu sehen, dass der Träumer verwirrt ist, aufgewühlt ist, emotional durcheinander.

Jeder, der Kinder hat, kennt das. Ein Kind hat einen Albtraum und wacht auf. Man muss nicht in dem Traum gewesen sein, man sieht es, man weiß es. Man ist einfach nur da bis sich alles beruhigt, bis sich der Traum legt und dahin geht, wo Träume immer hingehen.

Ila ist wie der Schnee, der sich hier über die Landschaft legt, der alles rein macht, aber ohne irgendeine Art von Überheblichkeit.

Wisst ihr, wenn ein Wesen etwas durchlebt hat und dann einem anderen hilft, dann ist das immer schön, auch die Akzeptanz ist sehr willkommen. Aber irgendwie ist da trotzdem eine Art von Gefälle. Das bleibt nicht aus. Der Lehrer ist irgendwie immer der Lehrer, auch wenn man irgendwann eins wird mit ihm, die gleiche Stufe hat. Er bleibt der Lehrer und so schlecht ist das nicht, aber damit stellt er auch immer, sagen wir, einen Rückwärtsbezug in die Vergangenheit dar. Er erinnert an das, was man mal war, und in gewisser Weise macht es das schwieriger, alles loszulassen.

Aber es ist so wichtig alles loszulassen, jede Unterweisung, jede Religion, jede Überzeugung, jede Beziehung. Loslassen in der Gewissheit, dass man tatsächlich überhaupt nichts loslässt, weil alles da ist. Ungetrennt. Immer verfügbar und viel sinnlicher verfügbar als jemals zuvor, weil alle Schutzschilde wegfallen. Schutzschilde, seien sie körperlich, emotional oder mental. Alles ist ungefiltert verfügbar. Einfach so. Und Ila ist die Erinnerung daran. Die ständige Erinnerung, die jederzeit für euch verfügbar ist.

In der Begrüßungsmail habe ich geschrieben: „Ich bin der Sprecher des Empfangskomitees". Ila ist in gewisser Weise euer Empfangskomitee. Denn wenn der Zeitpunkt kommt, das letzte Loslassen zuzulassen, habt ihr die Gewissheit, da ist Ila, Glückseligkeit, und ihr habt sie bereits erfahren.

Ila, die ungeborene Göttin des weiblichen Seins, sie ist auch die Göttin der Glückseligkeit. Sie ist nicht getrennt von euch. Sie war nie getrennt von euch. Es ist der Teil von euch, der bereits erwacht ist. Ihr erinnert euch an eine der Übungen. Die Sonnen, all die Sonnen, die ihr Licht ausgesendet haben, und über ihr Licht waren sie alle verbunden. Jede Sonne war ihr eigenes Licht, aber das Licht war verbunden. Wo fängt die eine Sonne an, wo hört die andere auf? Das sind Fragen, die sich ein Mensch stellt.

Im göttlichen Sein, wenn man es denn in Bilder zwingen will, ist das ganz ähnlich, wie mit den Sonnen. Ja, es gibt Wesen, aber sie sind nicht getrennt. Sie sind nicht getrennt. Sie sind souverän sich auszudrücken, sich auf ihre Art und Weise zu erweitern, und wann immer sie sich erweitern, geben sie alles an ihre Erweiterungen weiter. Das ist wahre Schöpfung. Es wird nichts zurückgehalten. Es gibt keine Absicht.

Expandierende Perfektion. Jeder Moment ist perfekt, aber er ist nicht statisch. Das ist das Wunder der Schöpfung, der wahren Schöpfung. Ihr seid schon da. Im Grunde wart ihr nie weg. Ihr seid jetzt da und Ila begrüßt euch. Ihr könnt sie spüren in der Musik.

Am ersten Tag haben wir von der Ebene des wahren Selbst aus ein Bewusstseinswesen hervorgebracht. Das war eine Übung für das, was wir hier jetzt machen, wenn es um den Lichtkörper geht. Eine bewusste Projektion vom wahren Selbst in die Welt der Trennung.

Lasst es jetzt zu.

Bringt einen Lichtkörper hervor, in Perfektion. Er ist da, automatisch, und lasst ihn um euren physischen Körper herum sein und ihn durchdringen. Euer Lichtkörper hat keine Grenze, er hat keine Haut, er muss sich nicht schützen. Ihr könnt ihn so groß machen, wie ihr wollt. Aber macht ihn wenigstens so groß, wie euren physischen Körper.

Jetzt erlaubt Ila, euch an das Gefühl der Glückseligkeit zu erinnern. Eine Glückseligkeit, die über alles hinausgeht, was in der Trennung erfahren werden kann. Normale Glückseligkeit in der Trennung ist im Grunde nur ein leichtes Entspannen. Im göttlichen Sein gibt es so etwas nicht. Alles, was ihr als Mensch als schön und angenehm empfindet, ist, wenn es nicht verschleiert wahrgenommen wird, um ein Viel-, Viel-, Viel-, Vielfaches intensiver, klarer, reiner, in der Essenz vorhanden.

Erlaubt Ila diesem Gefäß, das wir Lichtkörper nennen und das keine Grenze hat, das Gefühl der Glückseligkeit zu vermitteln. Glückseligkeit. Wechselt in diesen Körper, gerade so, als wenn ihr in ein Bad steigt. Es ist aber diesmal nicht nur warm und angenehm und entspannend, es ist Glückseligkeit pur. Ein Bad, wo das Wasser nicht durch die Haut begrenzt wird, sondern dass in jede Zelle eindringt, in jede Pore, in jedes Atom, in den Raum zwischen dem Raum.

Ila war nie inkarniert. Ila ist das Symbol des göttlichen Seins. Ila ist das Wissen, dass in Wirklichkeit nichts passiert ist, dass nichts, was ihr jemals gedacht oder getan habt, Schuld, Scham, was auch immer, eine Relevanz hat, außer innerhalb der Illusion der Trennung.

Was ist Glückseligkeit? Es ist, sich selbst auf der tiefsten Ebene seines Seins zu akzeptieren.

Nennt es Vergebung für das, was ihr niemals getan habt. Indem ihr erkennt, dass Trennung nicht real ist, ist alles, was man innerhalb der Trennung als Befleckung bezeichnen könnte, aufgelöst. Einfach so. Einfach so.

Das ist der Segen der Glückseligkeit. Und alles was ihr seht, um euch herum, die anderen Menschen, die anderen Wesen, für sie gilt das Gleiche. Denn ihr erkennt: Nichts was ihr dachtet, dass sie euch angetan haben oder was ihr ihnen angetan habt, auch jedwede Art von Verpflichtung, welcher Art auch immer, ist real. Ihr könnt es loslassen. Ihr vergebt dem Anderen das, was er in Wirklichkeit nie getan hat. Und da innen und außen nicht getrennt sind, heißt das nichts anderes, als dass ihr euch in der Tiefe vergebt für alles, was *ihr* in Wirklichkeit nie getan habt.

Innen und außen sind nicht getrennt. Das, was hier in diesem Raum zu sitzen scheint, findet in euch statt. Und tatsächlich spreche ich jetzt nicht zu einer Gruppe, ich spreche zu genau dir, der du mir gerade zuhörst. Zu niemandem sonst. Nicht zu deinem Nachbarn zur Linken, nicht zum Nachbarn zu deiner Rechten. Ich spreche genau zu dir.

Das hier ist ein universaler Moment. Er ist jederzeit für dich verfügbar. Er wird nicht vergehen, denn er ist jenseits der Zeit. Er ist ewig.

Wahre Schöpfung vergeht nicht.

Die Welt ist sehr viel kleiner, als du glaubst. Raum und Zeit sind nur Vorstellungen. Der Film, den du siehst, der ist längst gedreht.

Stell dir eine klassische Filmspule vor, mit einzelnen Bildern. Der Film ist längst fertig, er ist aufgewickelt, hängt im Projektor und da ist ein Licht, das die einzelnen Bilder scheinbar zum Leben erweckt. Der Film ist längst gedreht. Alles was passiert, ist dort aufgezeichnet. Das Licht und die einzelnen Bilder erzeugen die Illusion der Bewegung, die Illusion der Zeit. Und es gibt nicht nur eine Filmspule, es gibt viele, viele Filmspulen.

Alle Filmspulen, die man sich vorstellen kann, wurden erzeugt im Augenblick des Gedankens an Trennung. Aber hier, jetzt, kannst du, zu dem ich gerade spreche, eine Änderung vornehmen. Du bist nicht der Film, du bist auch nicht die Leinwand, du bist auch kein Schauspieler in dem Film. Du bist all das gleichzeitig. Und um das nicht zu vergessen, kannst du vor die Projektorlinse ein Symbol halten, ein Symbol deiner Wahl. Und ganz egal, was für ein Film abgespielt wird, in dem Du dann glaubst zu sein, dieses Symbol wird immer da sein. Halte einen Finger vor die Linse, eine Figur, einen Schmetterling, einen Drachen, und du änderst auf der Ebene der Ursachen deinen Film. Jeder Film ist plötzlich anders, denn immer ist dieses Symbol eingeblendet. Du bist völlig frei ein beliebiges Symbol zu wählen.

Und Ila steht bereit, falls du dein Symbol mit Glückseligkeit aufladen möchtest. Du kannst Dir einen anderen Namen suchen, du kannst völlig ohne Symbole bleiben, ohne Gefühle, das steht dir frei. Ila kennt kein Gefühl der Ablehnung. Ila ist einfach da. Sie möchte nichts, sie will nichts. Sie hat kein Interesse, außer nur zu sein. Göttliches Sein. Genau wie ihr, genau wie du.

Der Lichtkörper könnte so ein Symbol sein. Der Lichtkörper, der immer um euch herum ist, und euch an das erinnert, was ihr wirklich seid: Ein immer bewussterer Reisender in einem Traum der Trennung.

Glückseligkeit ist das Gefühl, das alle Gefühle enthält. Das Gefühl von Klarheit. Das Gefühl von Schönheit. Das Gefühl von Liebe und Akzeptanz. Das Gefühl von Sicherheit und von Vollständigkeit. All das ist enthalten, all das ist enthalten, und es berührt jede Ebene eures physischen Seins, wenn ihr es zulasst.

Eine Neugeburt. Sie hat schon stattgefunden, und ihr erlebt sie hier in diesem universalen Augenblick.

Wie fühlt sich das an, in einem Traum der Trennung zu sein und zu wissen, dass man nichts zu tun hat? Man hat keinen Termin mehr, keinen einzigen.

Wie fühlt sich das an, wenn man eine Handlung machen kann, ohne eine Antwort zu erwarten? Weil alles schon da ist, weil nichts hinzugefügt werden muss, weil nichts verbessert werden muss.

Jeder ist frei seine Rolle in seinem linearen Zeitstrang weiter zu spielen. Sich weiter um alles zu kümmern, was ihm wichtig ist. Die Eltern, die Kinder, die Haustiere, die Blumen, sich selbst, die Wale. Alles ist möglich. Aber was für eine Freiheit hat man plötzlich und wie sehr mag diese Freiheit, diese Glückseligkeit, jede Beziehung ändern.

Fragt nicht nach der Physik. Aber wenn ihr unbedingt ein Bild braucht, dann stellt euch vor, jedes wahre Selbst ist sein eigenes Universum, aber die Universen beeinflussen sich gegenseitig.

Du, Mensch, bist in dir allein verantwortlich für das, was du fühlst. Niemand sonst macht es für dich. Niemand diktiert es dir. Du, Mensch, hast in jedem Augenblick die Wahl. Was wählst du? Das Auge der Soheit oder das Auge der Trennung?

Ein Augenblick, in dem du diese Glückseligkeit in dir spürst, diese absolut überirdische Glückseligkeit und gleichzeitig hier bist in diesem Traum der Trennung, ist ein Augenblick des verkörperten Aufstiegs.

Das ist der Traum vom verkörperten Aufstieg.

Dieser Traum hat kein lineares Ende. Jede einzelne Jetzt-Sphäre ist bereits das Ende. Jede einzelne Jetzt-Sphäre ist auch der Anfang. Und jede einzelne Jetzt-Sphäre ist das Darüberhinaus. Je tiefer man geht, je näher man dem reinen Bewusstsein, dem göttlichen Bewusstsein kommt, desto einfacher werden die Dinge.

Ila ist das Symbol der absoluten Reinheit. Sie hatte nie den Gedanken an Trennung, an Schuld, an Verantwortung, an Ursache und Wirkung. Ila ist ein Teil von euch. Ihr mögt es anders nennen, aber das Gefühl, das tiefste Gefühl ist identisch.

Wir haben sehr viel gesagt, nicht nur in diesen zweieinhalb Tagen, auch in all den Büchern. Aber am Ende des Tages läuft es immer auf das Gleiche hinaus. Was wählst du jetzt? Wählst du das Auge der Trennung oder das Auge der Soheit? Alles andere, alles andere sind nur Symbole, Illusionen, um Illusionen aufzulösen. Hilfen, viele davon hoffentlich wirklich hilfreich.

Je öfter ein Mensch das Auge der Soheit wählt, das Auge der Vergebung wählt, der vollständigen Akzeptanz, desto näher kommt das letzte Loslassen. Irgendwann macht man es tatsächlich zum letzten Mal. Und es hat bereits stattgefunden und es spielt keine Rolle, wann es in eurem linearen Zeitablauf stattfinden wird, aber hier und heute versichere ich euch: Es hat bereits stattgefunden, und es ist jederzeit für euch verfügbar.

Wenn ihr die Schönheit sehen könntet, die ich hier sehe. Bewusstsein, das sich öffnet. Ein Edelstein, der aus seiner Umhüllung herausgeholt wird. Es gibt nichts Schöneres. Und ich habe viel gesehen, und dafür danke ich euch.

Ich kann mich genauso wenig verabschieden, wie sich Ila verabschieden kann, denn wir sind jenseits der Trennung. Deswegen sage ich einfach, dieser universale Jetzt-Moment, der hört nicht auf, und er ist immer und überall. Er findet statt.

Das Symbol, das ihr gewählt habt, ist in jedem Film automatisch eingeblendet, es ist euch jederzeit verfügbar, immer wieder eine Erinnerung.

Das ist die Heimkehr des verlorenen Sohnes, der seine wahre Heimat wiederentdeckt, aber die Heimat hat gar nicht wirklich gemerkt, dass er weg war. Sie akzeptiert ihn vollständig. War was?

Ich bin Althar, der Kristall-Drache, und ich freue mich, mit euch diese lineare Zeit verbracht zu haben.

*

45354230R00115

Printed in Poland
by Amazon Fulfillment
Poland Sp. z o.o., Wrocław